8a M
22 LOL
à octobre

ÉDITIONS DE L'INTERNATIONALE COMMUNISTE
DES JEUNES

LES JOURNÉES D'OCTOBRE

I. K. NAUMOV

LES JOURNÉES

D'OCTOBRE

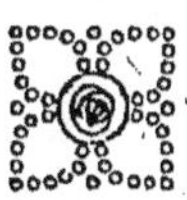

BUREAU D'ÉDITIONS
de Diffusion et de Publicité
132, Faubourg Saint-Denis
—— Paris (10e) ——

Dédié aux ouvriers de Wyborg,
qui furent, aux avant-postes, dans
la lutte contre la bourgeoisie, les
plus fidèles combattants du parti
bolchévik.

INTRODUCTION

Notre littérature sur la Révolution russe est extrêmement pauvre. Le livre de John Reed ''10 jours qui ébranlèrent le monde'' peint surtout ce que furent la vie et l'activité de l'état-major révolutionnaire. Ce tableau est l'œuvre d'un écrivain et d'un observateur des plus brillants. Mais on n'y peut voir que quelques images de ce que vécurent les masses pendant ces jours-là.

Pourtant, la révolution d'Octobre n'a pas triomphé par le seul fait que ses chefs ont lancé un appel aux masses et les ont emmenées dans la rue. On ne peut pas se représenter la révolution d'Octobre sans son grand organisateur, qui sut trouver en lui assez de volonté et de décision pour entraîner les masses et les mener au combat : le parti bolchévik.

Tous les ouvriers conscients connaissent et aiment Lénine, le chef génial de la révolution d'Octobre. Il y en a bien peu qui sachent comment le parti de Lénine se comporta dans cette bataille. Et c'est là ce que montre ce livre.

I. K. Naumov n'a pas les élans enthousiastes ni les dons d'écrivain que possédait John Reed. C'est un de ces nombreux combattants du parti communiste russe, qui dans les années de l'illégalité travaillaient infatigablement, que ce soit en prison ou au bagne, à construire un parti bolchévik solide et uni. Pendant les journées d'Octobre, il se battit parmi les travailleurs du rayon de Wyborg. Ce sont ses propres aventures qu'il raconte ici.

Ce livre servira, nous en sommes sûrs, à montrer aux jeunes ouvriers que le parti bolchévik fut le pivot de la victoire d'Octobre.

Ce n'est rien qu'un épisode, quelques jours du combat héroïque que menèrent les prolétaires révolutionnaires de Léningrad la Rouge. Pourtant, il permet d'imaginer ce que fut la lutte gigantesque des bolchéviks, exemple immortel que tout jeune révolutionnaire doit garder devant les yeux.

Le Comité exécutif de l'I·C·J·

PRÉFACE

Je rencontrai, il y a quelque temps, un de mes vieux amis de Wyborg (1). Notre joie fut si vive et si bruyante que quelques passants étonnés ralentissaient involontairement le pas.

— Tu vis encore ? D'où sors-tu ? lui criai-je.

— Toi ? Ici ! Bonjour ! me cria plus fort Udaroff en guise de salut.

— Cela va fort bien. Il y a six ans que je suis parti. Comment cela marche-t-il à Léningrad ?

— Comme tu vois, à merveille. Et toi, d'où sors-tu ?

— De bien loin, de Sibérie — presque de l'au-delà.

Udaroff s'interrompit soudain, me prit la main, et dans ses yeux brillait la joie de notre rencontre. Quelques minutes passèrent, avant que nous puissions dominer notre émotion. Nous brûlions d'envie, l'un et l'autre, de nous questionner et de nous raconter toutes nos histoires.

Nous continuâmes notre route. Nous causions à bâtons rompus, chacun de son côté, et nous sautions d'objet en objet. Tout en parlant sans fin, nous avions passé sur beaucoup de choses. Il s'était déroulé tant d'événements devant nos yeux, nous avions vécu tant de choses nouvelles, tant de grandes choses, qu'il était impossible de tout raconter d'un seul coup.

Nous errâmes longtemps encore de par les rues, puis nous allâmes chez moi et nous y restâmes assis jusqu'à minuit, à nous raconter ce que nous avions vu, nous questionnant l'un l'autre, échangeant nos impressions sans arriver pourtant, il s'en fallait de beaucoup, à épuiser toutes nos histoires. Cette rencontre avec mon ami me fit entrevoir soudain quel chemin nous avions parcouru depuis les journées d'Octobre. En sept ans, la Révolution prolétarienne avait obtenu des succès que nous ne pouvions prévoir.

Et, si extraordinaire que cela puisse paraître, peu à peu disparaît le souvenir des anciens événements, eussent-ils même l'importance qu'ont ceux d'octobre 1917. Une comparaison me frappait : durant sept ans, nous avons gravi sans cesse une montagne abrupte, les yeux constamment tournés vers le sommet. Nous montions toujours et toujours, ne jetant que parfois un regard en arrière. Maintenant, si un des combattants de notre grande révolution s'arrêtait une minute, et regardait en arrière comme s'il était placé au sommet d'une montagne, combien de choses lui apparaîtraient nébuleuses, estompées, et même les événements gigantesques de la révolution d'Octobre.

Quelle idée peuvent donc se faire de cette époque ceux qui, jadis, n'y prirent aucune part : nos jeunes, les travailleurs des pays étrangers, les masses du monde entier qui sont encore esclaves ?

Ajoutez encore que plus d'un camarade voit les événements de ce temps-là sous un jour tout à fait faux, et se trompe en appréciant la position de tel ou tel des dirigeants du parti bolchévik.

La rencontre de mon ami me poussa définitivement à prendre la plume, sans que, cette fois, je ne me fasse l'objection que je ne serais pas capable de mettre complètement en lumière les journées d'octobre.

De plus, après sept ans, voici que des hommes aussi aveuglés de haine que Savinkoff (2) et quelques autres menchéviks ou socialistes-révolutionnaires (3), sont obligés de reconnaître la grandeur et l'importance de la révolution d'Octobre.

Même les académiciens blancs, les professeurs au front chenu qui, dans leur temps, nous laissaient carrément en plan, le reconnaissent à présent. Éclairer entièrement toutes les faces de la révolution d'Octobre, c'est une tâche largement au-dessus des forces d'un seul homme.

Mais qu'est-ce qui fait la grandeur inégalable du bouleversement d'octobre ? La hardiesse, les qualités d'organisation, la bravoure et l'intelligence de la classe ouvrière, dont témoignèrent son avant-garde et les meilleurs d'entre elle.

Des centaines, des milliers parmi les meilleurs des prolétaires ont pesé de toutes leurs forces dans la balance de l'histoire, le 25 octobre 1917. C'est leur poids qui l'a fait pencher du côté du prolétariat.

Je me suis donné pour tâche de raconter ce qu'a vécu un des combattants d'octobre (un de ces petits héros, qui ont décidé le sort de la révolution). C'est un homme que je connais bien et j'ai moi-même vécu de toute mon âme ses propres aventures.

C'est dans ce sens-là qu'il faudra lire cette ébauche.

I. K. NAUMOV.

Léningrad, 15 octobre 1924.

La Tempête en marche

Un temps d'automne à Pétrograd. On enfonce dans une boue incroyable. Le ciel est sombre. Il tombe une pluie continuelle.

L'ouvrier Udaroff serre davantage contre lui son pauvre manteau, si léger, et se hâte à travers la boue jusqu'à la halte du tramway de Lesnoï (4) son esprit est aussi triste que tout ce qui l'entoure, en cette maussade journée d'automne. A la maison, c'est la misère noire. sa femme est malade. Son petit, qui devrait aller à l'école, n'a pas de souliers. Avec tout cela, son salaire (5) qui est trop juste maintenant, il y a bientôt deux semaines qu'il ne travaille plus — il en a bien le temps, de travailler ! — et pour dernier gain, on lui a donné pour sa journée une somme ridicule.

Il ne travaille plus ?... Les pensées d'Udaroff ont pris tout de suite un autre cours. Il se rappelle l'assemblée d'hier et ses dernières décisions. Il se prend à réfléchir à ce qui l'attend au Conseil d'Usine. Sa femme, les souliers, son gain, le vent a emporté tout cela bien loin. Abîmé dans ses pensées, il continue à marcher, petit, chétif d'aspect, avec ses blonds cheveux flottants, qui sortent de dessous sa casquette de cuir.

Ils n'arriveront jamais à réunir une majorité, pense-t-il. La fonderie marche avec nous. Il y a bien le deuxième atelier de mécanique, où travaillent beaucoup de menchéviks, mais ce sont de notoires canailles. Aux tours, j'en viendrai bien à bout tout seul...

— Bonjour, tu vas prendre le tram ?

— Oui, nous faisons route ensemble ! répond machinalement Udaroff.

C'est un ouvrier de sa fabrique, qui est venu trouver Udaroff. Vif et décidé, habillé très légèrement, son manteau ouvert, il passe devant et entraîne Udaroff avec lui.

— Alors, qu'est-ce qu'il y a de neuf ? Est-ce bien vrai qu'ils veulent nous expédier dans le Sud (6). Il ne faudra pas céder, les enfants ! L'ouvrier jasait de-ci, de-là.

— Ils nous pressent, ils disent que nous y serons plus près du combustible. Le conseil tient bon, mais les menchéviks cèdent, les canailles... Et, dans votre atelier, par exemple, il y en a pas mal, de ces chiens...

— Laisse donc, il n'y a personne qui les écoute...

Ils étaient arrivés à la station; beaucoup de gens y attendaient le tram. On les salua. Un voisin s'approcha d'Udaroff:

— Bonjour, Alexis. Alors, comment ferons-nous pour le bois ? L'achetons-nous ensemble ?

Udaroff reçut la question comme un coup en plein cœur. Sa femme, le petit, pas d'argent. Il se tut.

— Si nous attendons, ce sera encore plus cher. Tu dois bien t'en rendre compte. Nous sommes déjà en train de coudre notre suaire de famine. Hier, ma vieille n'a pas pu rapporter de pain. Heureusement que ta Marie a pu lui en céder une demi-livre... Et l'approvisionnement deviendra plus difficile encore, plus tard...

— Bon... Nous verrons demain... Voici le tram, interrompit Udaroff.

— Une vie de chien, grogne-t-il à mi-voix, tout en grimpant dans le tram. Autour de lui, tous ont le même état d'esprit. La misère des siens pèse lourd à son âme. Et, d'un autre côté, la lutte politique qui s'est allumée dans la fabrique l'attache. Pendant le jour, entièrement absorbé par les allées et venues dans la fabrique, il oubliait sa misère poignante, ou, tout au moins, il l'éprouvait d'autre façon. Mais, quand il revenait à la maison, il restait accablé, ne sachant que dire, et sentait douloureusement la détresse qui pesait sur les siens.

En rencontrant ses compagnons de travail, sa pensée était retournée à la fabrique et à la lutte qui s'y déroulait, et il sentait combien il avait gagné de force et d'énergie nouvelles. Pourtant, la conversation qu'il avait eue avec son voisin lui serrait douloureusement le cœur.

Des paroles résonnaient aux oreilles d'Udaroff : « Va donc au diable, avec ta défense de la révolution !... Pour qui donc luttez-vous ?... Il faut publier tous les traités secrets... On en plus qu'assez de leurs discours... Laissez venir cela aux oreilles des Allemands... »

— N'interromps-donc pas, retentit une autre voix, et comprends donc que, si les Allemands viennent, Nicolas remontera sur le trône...

— Et ils viendront, reprenait en criant le premier, continuez à soutenir vos partisans d'un compromis, et leurs généraux livreront Pétrograd pour rien. C'est tout ce qu'ils veulent... ceux-là !...

— C'est de la démagogie !

— Et la reddition de Riga ? Et l'éloignement des troupes de Pétrograd ? Et ce qu'on dit sur les projets de transférer le Gouvernement à Moscou ? Et le transfert des usines ? Est-ce que, d'après toi, tout cela ne constitue pas autant de trahisons à Pétrograd. Dé - ma - go - gie...

— Très bien ! criaient les gens d'alentour.

— Ils ne font que nous leurrer. Plus c'est long, plus ce sera dur, risqua quelqu'un ; ils vont si bien faire, ces chiens-là, que nous y resterons tous !

— Crois-tu que les bolchéviks puissent nous tirer de là ?

— Nous verrons bien, cela dépend beaucoup de nous-mêmes.

Udaroff était assis sur des charbons ardents. Tout lui commandait de crier, pour que tout le monde, dans la voiture, entende : « Ce social-révolutionnaire copie ses chefs en vrai perroquet. Nos camarades pensent juste, il est grand temps d'agir. »

— Pourquoi attendre encore. A la douma de rayon (7), il n'y a rien que des bolchéviks, et qu'est-ce qu'ils ont fait ? continua le social-révolutionnaire.

— Et qui est-ce qui les sabote ? lui répondit-on en retour.

Le S. R. se tut, médusé, et se contenta de grogner encore quelque chose en lui-même.

— Alors, tu te tais ? Les bourgeois vous soutiennent, et il faudrait que la douma de rayon regardât dans la lune.

— Holà ! les coqs de combat, faites place, il faut que nous descendions.

Les travailleurs quittèrent le tram. La discussion continuait dans la rue. Elle dura, fort animée, jusqu'à ce qu'ils arrivent à la fabrique.

*
* *

Udaroff quitta vivement son manteau, le pendit à un clou, prit sa blouse de travail, et se rendit directement, sans passer par son ouvrage, au conseil d'usine. Celui-ci siégeait dans une salle trop petite, toute bleue de la fumée des cigarettes. Dans un coin résonnait une machine à écrire. Ils étaient là réunis quelque treize hommes qui discutaient à grand bruit.

— J'ai répondu, déclarait le président, qu'en principe, nous ne nous opposions pas.

— Comment, nous ne nous opposions pas ? Qui t'a donné le droit de leur faire une pareille réponse ?...

— Silence ! Attendez ! Nous ne nous opposons pas, dis-je, mais nous exigeons des garanties, pour que les travailleurs n'en souffrent pas, et nous voulons qu'une délégation des nôtres soit envoyée dans le Sud, pour se rendre compte sur place de la véritable situation. Ce n'est qu'après, que nous donnerons notre réponse définitive.

— Ton point de vue est faux, criaient les autres.

— Eh bien ! nous allons en discuter. Pourquoi faire tant de bruit. Stépanoff, tu as la parole !

— Le diable l'emporte ! Nous savons déjà trop ce que les menchéviks ont à nous raconter ! protestait toute l'assemblée.

— Silence ! Silence ! Ça ne marche pas ainsi ! Il est membre du conseil d'administration aussi bien que vous. Silence !

— Nous tenons ceux qui se refusent à se prononcer en principe en faveur de l'évacuation des usines, pour des gens sans conscience et irresponsables, dit Stépanoff.

— Qu'ils continuent à parler tranquillement, mais nous ne voulons plus les entendre, lança quelqu'un.

— Oui, pour irresponsables, et nous restons partisans d'élire des délégués avec pleins pouvoirs que nous enverrons à l'administration pour discuter avec elle.

— Donne-moi la parole, cria Udaroff.

— Bon, parle !

— Camarades, Grigorieff a commis une faute, commença Udaroff d'un ton tranchant. Il n'a pas compris ce qui est le plus important. Nous sommes en principe contre l'évacuation des usines vers le Sud. Le gouvernement veut affaiblir Pétrograd, disperser nos forces. Nous ne devons pas le permettre. Avez-vous déjà oublié. Tout de suite après le 5 juillet (8), on voulait déjà nous obliger à une évacuation partielle des usines, mais nous l'avons empêchée. Pourquoi Grigorieff ne comprend-il pas l'importance de cela ? Il n'assistait pas hier à l'assemblée du rayon, et, par conséquent, il ne sait pas que nous ne pouvons déjà plus nous occuper de ces choses. Ce qu'il nous faut à présent, c'est rassembler toutes nos forces, renforcer la garde rouge, abattre définitivement ces messieurs les menchéviks et les social-révolutionnaires, affermir l'état d'esprit des ouvriers ; c'est de cela que doit s'occuper exclusivement le Comité d'usine, et nous ne pouvons pas perdre un temps précieux à de vaines paroles sur l'évacuation.

Les gens du Conseil d'usine se taisent et écoutent angoissés chacune des paroles que prononce Udaroff. Il parle de la trahison du gouvernement, d'une capitulation possible de Pétrograd (9), et il explique qu'hier, à un vote dans le Soviet, les bolchéviks ont obtenu la majorité, que Pétrograd n'a plus que trois ou quatre jours de vivres, que, sur le front, les soldats refusent de se battre plus longtemps, et que les paysans sont, eux aussi, contre le gouvernement.

— Voyez, camarades, conclut Udaroff, c'est une chose capitale que d'utiliser un tel moment pour renverser le gouvernement et donner tout le pouvoir aux Soviets.

Après le discours d'Udaroff, il y eut plus de vie encore dans l'assemblée. Presque tous parlèrent et furent d'accord avec Udaroff.

Grigorieff prit la parole pour conclure :

— Camarades, comme nous vivons des jours extraordinaires, je propose de nommer le camarade Udaroff président de notre Conseil d'usine. Moi, je suis mieux fait pour me battre, et je vais m'enrôler dans la garde rouge. Comme cela, ce sera mieux pour moi et pour tout le monde.

— C'est juste, pour la garde rouge, tu es un des meilleurs. Mais Udaroff est meilleur politique; il ne se laisse pas rouler.

C'est ainsi qu'Udaroff fut placé, de façon tout à fait inespérée, à la tête de l'organisation de la fabrique. Le Conseil d'usine décida sous sa présidence :

1° De répondre à l'administration de l'usine que le Conseil d'usine tenait pour impossible d'affaiblir l'usine en l'évacuant vers le Sud, et qu'il refusait d'envisager sur cette question des négociations nouvelles ;

2° De convoquer une assemblée générale des ouvriers, à la fin du travail, pour se faire une idée exacte de la situation actuelle, et de faire venir un rapporteur du centre ;

3° D'exercer les ouvriers qui venaient d'entrer dans la garde rouge, et, pour cela, de les relâcher une demi-heure avant la fin du travail ;

4° D'entreprendre un recensement exact des armes existantes.

Tout de suite après la séance, Udaroff envoya un camarade au Comité de rayon du Parti :

— Raconte-leur tout, là-bas, dis-leur de nous envoyer un orateur solide et de nous donner des instructions.

*
* *

Tandis que la séance durait encore, il s'était réuni beaucoup de monde dans le couloir. Tous avaient quelque histoire à faire liquider par le Comité d'usine.

Venait d'abord une vieille femme qui se plaignait du contremaître :

— Qu'est-ce que cela signifie ? Nous devrions pourtant être sortis de la vieille époque ; il tourne encore comme autrefois autour des jeunes filles. Il leur donne tout le travail facile, et quant à nous, nous pouvons crever...

— Enfin, de qui parles-tu, interrompit Udaroff, est-ce qu'on t'a fait du tort ?

— Mais, bien sûr ! Notre contremaître Afanasieff a jeté le mauvais œil sur moi et sur Awdotia. Il nous éreinte jusqu'à la mort, tandis que les autres n'ont même pas besoin de travailler.

— Cela va bien. Je vais éclaircir l'affaire.

— Qu'il aille chercher son plaisir dehors, s'il veut, grogna la vieille en s'en allant. Ici, dans la fabrique, nous sommes toutes égales.

Un ouvrier la suivait à un pas.

— Je viens vous trouver pour chercher conseil, camarade, commença-t-il. Dans notre maison, les ouvriers sont obligés de vivre dans une cave humide, et les gosses y deviennent malades. Dans l'habitation du dessus habite une femme d'officier qui occupe cinq pièces à elle toute seule. Dans l'autre, habite un avocat et sa femme, à qui il faut sept pièces pour eux deux. Nous autres, nous avons fait du scandale, et nous leur avons dit : « Serrez-vous donc un tout petit peu. ». Ils n'ont rien fait que de se moquer de nous. Nous sommes allés à la police. Mais la police est avec eux. Est-ce juste ?

— Non, ce n'est pas juste. Mais, pour le moment, nous n'y pouvons rien faire. Udaroff se tut un moment, et ajouta ensuite : Prends patience, frère. Bientôt, nous allons les renverser, après tu pourras demander des comptes à tous ces vauriens-là, et à la police elle-même.

L'ouvrier regarda Udaroff droit dans les yeux, se tut un instant et lui répondit, devenu tout sérieux :

— Je comprends.

Les ouvriers qui, au début, entraient un par un dans la pièce, s'y rassemblèrent autour. Celui-ci demandait un certificat, qu'il voulait envoyer dans son village natal. Là-

Patrouille de gardes-rouges

bas, on allait partager la terre, et il lui fallait obtenir la part de sa famille. Son voisin menait du tapage pour obtenir un sursis à son incorporation. Un autre ouvrier maudissait l'âpreté au gain des commerçants :

— Mon petit est malade, et ces chiens-là augmentent le prix du lait. Est-ce qu'on n'a vraiment aucun recours contre eux ?

Un vieux serrurier se dépensait à user toutes les forces de son corps, et protestait contre les tarifs établis pour les travaux de réparation.

Un jeune homme, tout remuant qui, pour je ne sais quelle raison, rougissait toujours jusque derrière les oreilles, demandait un billet pour assister aux cours du soir. Un autre demandait, tout irrité, qu'on l'accepte dans le parti, et il vous prouvait sur-le-champ, avec chaleur, qu'il en était digne.

Partout, ce n'étaient qu'allées et venues bruyantes. Udaroff avait déjà quitté depuis longtemps la table, répondait à des douzaines de questions, expliquait. Un autre membre du Conseil d'usine était là pour l'aider. Cette « réception » dura jusqu'à midi. Et, malgré le va-et-vient, le travail avançait de façon intense. On délivrait des certificats, on écrivait des billets. On enrôla beaucoup de monde pour la garde rouge, et beaucoup d'autres gens devinrent membres du parti des bolchéviks.

*
* *

Pendant la pause de midi, Udaroff se rendit à son atelier. Il devait livrer son ouvrage, aller chercher ses habits, et prévenir le contremaître que, désormais, il ne travaillerait plus.

Dans l'atelier, les moteurs étaient arrêtés. D'habitude, à cette heure-là, le silence règne. Mais il y avait aujourd'hui un grand bruit de voix, on parlait, on se disputait. Les événements du jour avaient mis les ouvriers en grande effervescence. Ils étaient tout à fait excités. C'était, comme si, chez tous, il y avait eu un renouveau de vie.

*
* *

Celui qui a vécu une réunion d'usine à cette époque n'a pas oublié facilement l'impression profonde que cela produisait sur tous.

La réunion en question appartenait à cette espèce de réunions qui secouent. Il y avait presque quatre mille hommes rassemblés. Autour d'eux, les machines, les établis, les grues. Pour tribune, quelques planches mal équilibrées. De la tribune, quand on regardait dans le hall, on n'avait point le spectacle d'un auditoire assis et plein de dignité, pas plus que d'un public léger et bruyant, mais d'une assemblée de vrais partisans actifs où l'on a pris place, comme cela s'est trouvé, les uns assis, les autres, à demi-couchés. Il y a des ouvriers jusque dans le moindre recoin. On a l'impression que le grand atelier est archi-plein jusqu'au toit.

La réunion n'est pas encore commencée. Tout cela gronde et bourdonne comme une immense ruche.

Soudain, un cri jaillit parmi les assistants :

« Les voilà ! Les voilà ! »

Et de fait, Udaroff et deux étrangers montent sur la tribine. La foule des ouvriers se met en mouvement, à grand bruit, chacun s'approche le plus possible de la tribune, selon ses forces. Mais, tout de suite, s'établit un profond silence. Udaroff ouvre la réunion et propose de nommer un président.

« Udaroff », « Petroff », « Krassilnikoff », « Andrieff », crient des milliers de voix. « Udaroff », « Krassilnikoff », « Grigorieff ».

Le bruit continue pendant deux minutes. Enfin, Udaroff est élu. On décide de traiter deux questions : la situation actuelle et les tarifs.

L'orateur est tout jeune, pas plus de 23 ans. Il travaille dans une des plus grosses fabriques du quai Wyborg. C'est un membre du Comité de Pétrograd des Bolchéviks.

Il parle de façon puissante, et, au bout de cinq minutes, toute l'assemblée est suspendue à ses paroles.

— On a souvent tenté d'affaiblir notre parti, clame sa jeune voix; on a jeté nos chefs en prison, le gouvernement de Kérensky (10) fait ses affaires sans aucun contrôle. Mais tous ces messieurs ont oublié qu'il existe une classe ouvrière, décidée à ne pas se laisser plus longtemps tromper, qu'il existe des paysans, et qu'ils ne veulent pas éternellement supporter l'oppression et les vexations, qu'il existe enfin une armée qui ne veut plus verser son sang pour les intérêts de la bourgeoisie.

« Grisés par leurs succès éphémères, les social-révolutionnaires et les menchéviks se sont détournés de ceux-là mêmes qui les ont portés au faîte du pouvoir. Ils ont oublié les ouvriers et les paysans. Toute l'attention de ces messieurs est porté sur les négociations avec Korniloff (11) et tous les généraux blancs. Ils veulent, ainsi qu'ils ont coutume de dire « faire l'union de toutes les forces vivantes du pays ». La force des ouvriers, la force des soldats, ces messieurs n'y ont jamais cru et n'y croient pas encore aujourd'hui. Eh bien ! nous voulons leur faire voir « où se trouve la véritable force ! »

Des applaudissements frénétiques vinrent encourager l'orateur.

— Camarades, tout a une fin, même notre patience. Maintenant, elle est à bout. Comment est-ce que nous vivons ? La faim est l'hôte perpétuel de nos foyers. Nos salaires sont insuffisants. Pourtant, ce n'est pas encore cela qui est le plus grand malheur. Nous avons eu le temps de nous y habituer. Nous voulons savoir ce qui nous attend demain, si nous avons quelque part une lueur d'espérance. Et, le pire, c'est justement que cette lueur reste invisible. De nouveaux maux nous menacent : la destruction complète des usines. On veut nous envoyer dans le Sud. Comptez bien que nous y serons sans travail. La trahison du gouvernement se déroule devant nous. Je donne ma tête à couper qu'ils vont rendre Pétrograd. Comment expliquer autrement la nouvelle, publiée dans les journaux d'aujourd'hui, selon laquelle le gouvernement aurait l'intention de se réfugier à Moscou ? On n'aperçoit pas la fin de la guerre, et sans doute ont-ils l'intention de faire passer encore aux soldats tout l'hiver dans les tranchées. Et maintenant, je demande, à ceux d'entre vous dont les pères, les hommes ou les frères sont au front : Allez-vous tolérer que, pour l'amour de la bourgeoisie, nos frères les soldats du front continuent à geler sans vêtements chauds ? Nous autres, bolchéviks, nous ne le permettrons plus. Si les bourgeois veulent se battre, c'est eux que Kérensky doit envoyer aux tranchées.

Une nouvelle tempête d'applaudissements retentit dans le hall.

Les ouvriers étaient électrisés. On voyait leurs yeux qui brillaient comme s'ils avaient lancé des éclairs.

— On veut nous consoler avec l'Assemblée Constituante (12). On nous dit qu'elle va tout résoudre. Mais, qui en recule de mois en mois la convocation ? Qui appelle à sa place, tantôt une Conférence démocratique (13), tantôt un préparlement, ou, comme nous disons, nous autres, une pétaudière ?

On rit bruyamment.

— Qui fait tout cela ? Précisément ces messieurs en personne, les social-révolutionnaires et les menchéviks. Ils nous mentent et nous trompent, et nous n'en pouvons rien attendre de mieux dans l'avenir.

L'orateur commença à exposer la position des bolchéviks : paix immédiate, répartition immédiate de la terre entre les paysans, introduction immédiate du contrôle sur la production.

Tout cela résonnait. Et il termina, enflammé :

— Nous avons tout essayé, nous connaissons toutes les routes. Nos ennemis se démasquent. La révolution est au bord de l'abîme... Camarades, notre seul et unique salut, c'est le pouvoir des Soviets; notre seule issue, c'est de renverser la bourgeoisie. Et nous vous crions : A bas les capitalistes ! A bas les traîtres ! Tout le pouvoir aux Soviets d'ouvriers, de paysans et de soldats !

L'orateur avait terminé. Un profond silence régna un instant parmi les auditeurs. Puis éclata soudain une tempête d'applaudissements qui fit trembler le hall.

Un social-révolutionnaire prit la parole. Il portait un manteau et paraissait très angoissé.

— A bas !... lui criaient les ouvriers. Va-t-en chez les bourgeois !... A bas !. Et l'effervescence allait croissant.

Udaroff apaisa la réunion. Il donna la parole au social-révolutionnaire. Mais, à peine l'orateur avait-il commencé : « Le pré-parlement cherche à tirer le pays de l'impasse, tandis que ce que veulent les bolchéviks, c'est faire un putsch..., que déjà les ouvriers se mirent à crier comme des fous.

Il en résulta un tumulte indescriptible. Le social-révolutionnaire ne put continuer à parler.

Maintenant, c'est un menchévik qui monte à la tribune. C'est un ouvrier. L'assemblée continue à faire du bruit, mais lui, au moins, elle le laisse parler.

Le menchévik va chercher cela loin. Il commence par crier contre le gouvernement, condamne la guerre. Les ouvriers écoutent en silence, se mettent à fumer et attendent ce qui va suivre. Mais il fait traîner son discours en longueur et bavarde, infatigable.

— Au fait, au fait, lui crie-t-on des rangs les plus éloignés.

— Ne jase donc pas si longtemps ! lui crient d'autres.

— Qu'est-ce que tu proposes ?

— Nous proposons de hâter la convocation de l'Assemblée nationale, et de ne pas...

— A qui propose-tu cela ?

— A qui ?... mais, au gouvernement !

— Bougre d'âne, laissa échapper quelqu'un à mi-voix, mais assez haut pour que toute la salle entende.

— Ha... ha... ha-ha ! Bravo ! cela éclata de toute part.

Le menchévik sent qu'il va être temps de finir, et il quitte la tribune sans avoir récolté ni un applaudissement, ni le moindre signe d'approbation.

Grigorieff prend la parole après lui :

— Camarades, crie-t-il, il ne s'agit pas seulement de discourir. Il nous faut renforcer notre garde rouge. Que tous ceux qui ont été soldats, et les autres aussi, s'enrôlent dans la garde rouge. Vous pouvez le faire bien facilement au Comité d'usine. Nous montrerons aux bourgeois ce que nous valons. J'ai fini.

— Bravo ! Bravo ! c'est très bien ! résonna la salle en écho.

La réunion traînait en longueur. Sept hommes avaient déjà parlé et personne n'avait quitté la salle, hors quelques femmes qui se hâtaient de rentrer chez elles, où le travail pressait. La salle adopta une résolution de combat : à l'unanimité, elle résolut de se déclarer pour le pouvoir des Soviets.

La deuxième question, celle des tarifs, fut reportée à la réunion du lendemain.

*
* *

Udaroff ne sentit qu'à ce moment-là la faim et la lassitude. Pourtant, il était de meilleure humeur... Il était tout ardent et sentait en lui-même une telle force qu'il se serait jeté sur une troupe de contre-révolutionnaires, sans même mesurer le danger, si quelqu'un le lui avait commandé.

Comme il ne voulait pas rentrer à la maison, il pria son voisin d'avertir sa femme. Il sortit de l'atelier et se rendit directement au Conseil d'usine. Malgré l'heure déjà avancée, il y avait encore beaucoup de gens assis. Dans le coin d'un couloir. Grigorieff et un autre ouvrier démontaient une mitrailleuse.

— Les enfants, demanda Udaroff, est-ce que vous avez du thé et quelque chose à manger ?

— Nous allons tout de suite chercher quelque chose ensemble, répondit un jeune garçon. Nous avons du thé, nous allons trouver du sucre, je sais où prendre du pain, et je vais aller immédiatement chercher des harengs. Faudra-t-il que j'apporte aussi des cigarettes ?

On réunit vite l'argent nécessaire pour envoyer le jeune homme aux provisions. Un ouvrier retourna dans l'atelier chercher de l'eau bouillie pour le thé (14).

Udaroff se mit à examiner la littérature qu'on avait apportée du Comité de rayon. Il choisit quelques brochures,

en parcourut quelques autres, tira des tracts et commença
à lire les journaux, en attendant qu'on apporte le thé. Tout
en buvant, Grigorieff se mit à raconter des histoires du
front, d'où il était revenu depuis peu.

— Mauvaise affaire que la guerre. On oublie tout. On
oublie même que l'on est un homme. Qu'est-ce que je n'y
ai pas vécu ? Bah ! en fin de compte, peut-être que tout
est pour le mieux ainsi; pire ce sera, plus le peuple deviendra mauvais. Que le diable emporte tout cela !

Le monteur de service mit son nez à la porte :

— Tout est en ordre dans l'atelier. Je voulais seulement vous demander ce qu'il y a de nouveau. Bonjour !

— Il y a beaucoup de bonnes choses. Il y a que nous
allons nous battre, grommela Grigorieff.

— Oui, et quels sont nos rapports avec la garnison ?
Combien y a-t-il déjà de membres dans le Parti; le sais-tu,
Udaroff ?

— Les rapports avec la garnison sont excellents. Je l'ai
entendu dire au Comité de rayon. L'état d'esprit des troupes
est tout à fait solide. Sans cela, le gouvernement ne cherche-
rait vraiment pas à les évacuer. Rien qu'à Pétrograd, nous
avons quelque chose comme quarante mille membres au
Parti. Chez nous, dans le quartier de Wyborg sept mille,
de l'autre côté de la porte de la Néva quelques milles au
plus, dans l'île de Vassilieff ils sont aussi à peu près sept
mille. Pour commencer, cela suffira, répondit Udaroff tout
en humant son thé.

— Et la province ?

— Là-bas, nous sommes certainement beaucoup plus
faibles. A Moscou, cela ne va pas si mal, dans l'Oural non
plus. Ensuite, je crois, vient la région de Bakou. Ailleurs,
nous sommes plutôt faibles. Pourtant, il n'y a encore aucun
mal.

— Pourvu que les paysans ne nous jouent pas quelque tour, remarqua quelqu'un.

— Ils ne devraient pas, en tout état de cause. Il ne reste plus personne dans les villages. Tous, jeunes et vieux, sont partis au front, et le front est tout entier avec nous.

On se tut. C'était comme si chacun eût supputé en silence les forces dont on disposait.

— Mais où est donc Lénine ? demanda un jeune ouvrier.

— Je n'en sais rien, répondit Udaroff, mais nous sommes sûrement en liaison avec lui, puisqu'il écrit dans les journaux.

— Mais naturellement, dit Udaroff en riant, il signe Karpoff, donc !

— Ah ! Ah ! vois-tu ça, se réjouirent tous les autres.

L'entretien dura jusqu'à une heure avancée de la nuit.

Grigorieff et le jeune camarade rentrèrent à la maison, puis le monteur et les autres s'éclipsèrent peu à peu. Udaroff et le membre de service du Conseil d'usine cherchèrent à s'installer une couchette sur les tables. Ils se mirent des papiers sous la tête, fumèrent et parlèrent un moment, puis finirent par se taire.

Le Conseil d'usine tient séance depuis le matin à la première heure. Dans les ateliers, les ouvriers échangent leurs impressions sur la réunion de la veille. Tous ont l'esprit monté.

— Pour un peu, je serais rentré dans la panse d'un bourgeois, racontait un ouvrier qui, extérieurement, faisait l'impression d'un homme tout à fait tranquille : Ce voyou-là racontait qu'il faut tenir les rênes à la démocratie, sans quoi, les ouvriers prendront trop d'audace. « Qui est-ce qui fait la force des bolchéviks ? Uniquement notre irré-

solution. Que fait Kérensky ? Il bavarde, et ne fait rien.
Nous avons besoin d'un homme d'action. » De quelle action?
que je lui demande. Il me regarde de la tête aux pieds et
me répond : « La guerre. »

— Ils veulent y arriver, ces chiens-là !

Dans un autre coin, la conversation roulait sur autre
chose :

— Mais quoi... mon beau-frère est revenu du front hier
et il le dit lui aussi : on nous trahit ! Riga a été rendu vo-
lontairement. Et cela va continuer. Ils vont livrer Péters-
bourg exactement de la même façon. Les soldats n'ont pas
de souliers, le ravitaillement ne leur arrive plus. Est-ce
qu'on peut encore faire la guerre de cette façon-là ?

Les contremaîtres passaient et repassaient, inquiets. Un
ingénieur sortit au galop de l'atelier, entra dans son bureau
et ne reparut plus.

Après la séance du Conseil d'usine, Udaroff fit un tour
parmi les ateliers. Les ouvriers étaient comme de vrais ba-
rils de poudre. La moindre étincelle, et tout aurait sauté.

— Il faut que j'aille au Comité de rayon, se décida-t-il.

Les rues étaient plus animées qu'autrefois. Les gens parlaient haut tout en marchant. Les journaux étaient aussi
vite vendus que sortis; on les lisait sur place. Les rassemblements qui se formaient autour des marchands de journaux prenaient les proportions de petits meetings. Partout,
on discutait ferme. Udaroff, passant à côté d'un groupe,
entendit : « Il faudrait saigner tous ces sacrés bourgeois ! ».

Malgré l'heure matinale, le Comité de rayon était déjà
fort animé. Ce n'était qu'une allée et venue ininterrompue
dans l'escalier étroit et sale. Les uns portaient des journaux,
les autres des brochures. Quelques-uns venaient par deux,
discutant avec animation. D'autres étaient seuls, perdus
dans leur silence.

Les salles du Comité de rayon étaient trop petites, il y régnait le plus grand désordre. Partout des journaux, des tracts, des brochures empilés en tas. L'air était tout bleu de la fumée des cigarettes. Partout les conversations très animées se poursuivaient à voix haute.

Udaroff se fraya un chemin à travers la foule et pénétra directement chez le secrétaire, dans une pièce de côté. Ici, on était plus tranquille, et, malgré la misère des meubles qu'on avait amassés là, une chaise cassée, un sofa plein de trous et qui montrait ses cuirs, un siège de cuir et, tout à côté, une chaise de cuisine, le désordre y était beaucoup moindre.

« L'Oncle » (15) et sa secrétaire Jenny étaient assis à table. « L'Oncle », un grand homme, en pleine force, avec toute sa barbe. Jenny, une jeune fille de vingt-cinq ans, qui portait lorgnon, feuilletait des documents dans un dossier.

— Peut-on entrer ? demanda Udaroff.

— Mais bien sûr, bien sûr, lui répondit-on. Raconte-nous comment ça va, chez vous autres. Est-ce vrai que tout marche à merveille ?

Udaroff raconta les événements par le détail, répondit aux questions et se mit à en poser d'autres.

— Tout cela est vraiment extraordinaire et vient pour nous à souhait.

— Et bien, maintenant, il faut que je parte.

— Udaroff, vieux père, attends un peu, lui dit « l'Oncle » en lui frappant sur l'épaule.

Il alla jusqu'à la porte, resta un instant silencieux et reprit :

— Non, cela va vraiment bien. L'orage approche... ça gronde, dans le lointain. Les ouvriers sont partout unis et résolus. Jenny, raconte-lui les lettres d'Illiïtch. Elles arrivent vraiment à l'heure juste.

Jenny renferma ses papiers dans le tiroir de la table.

— Ecoute bien, Udaroff, mais il faudra avoir pour l'instant la bouche cousue sur tout cela. Nous avons reçu il y a un moment une lettre d'Illiïtch pour le Comité Central. Nous sommes en liaison avec lui. Il se tient caché, pas bien loin d'ici. Nous avons lu la lettre et nous en sommes restés baba. Il paraît qu'Illiïtch a posé, depuis longtemps déjà, devant le Comité Central la question du soulèvement. Nous avons fait du potin. Le Comité de Pétrograd est tout entier avec Lénine et a prié le Comité Central de donner là-dessus son point de vue.

La majorité du Comité Central s'est prononcée pour qu'on passe à la lutte. La chose est venue en délibération. Les fonctionnaires ont eu également à se prononcer. Les voix se sont partagées de la façon suivante : les trois quarts à peu près sont pour le soulèvement immédiat, quelques-uns seulement sont contre — ils pensent que le moment n'est pas encore venu, les autres sont également pour la lutte, mais pas tout de suite. Ils pensent que nous ne sommes pas encore suffisamment prêts pour déclancher la révolte.

— Pourquoi attendre encore? interrompit Udaroff. Nous les emmènerons dans les fabriques. Ils pourront aisément s'y convaincre qu'il est inutile d'attendre plus longtemps.

— Arrête ! Arrête ! Donc, la question va être traitée un de ces jours dans les rayons, aux assemblées du Parti. Ne perds pas cela de vue et agis, pour l'instant, suivant nos directives et de toutes tes forces.

— Bon, et quel est l'avis des autres rayons, sur cette question de soulèvement ?

— Tous les comités de rayon sont pour, et on se prépare partout.

— C'est bon. On ne remarque rien de l'extérieur.

— Il faut que ce soit comme cela. A partir de maintenant, il faut que nous soyions de service nuit et jour. Assurez vos communications téléphoniques et mettez-vous en liaison avec les autres usines. Il ne serait pas mauvais de conserver, la nuit, quelques gardes rouges pour veiller au grain.

— Nous ferons tout cela. Mais, dis-moi, comment cela va avec les soldats ? Qu'est-ce qui se passe au front ? Et la province ? Quelles sont les perspectives de ravitaillement ? presse Udaroff, qui entasse question sur question.

Jenny répond à toutes, court et net, sans rien ménager de la vérité. Elle sait que ces gens-là doivent tout savoir, parce qu'ils en ont des milliers d'autres à conduire. Des gars de cette trempe sauront mourir, mais ils sauront aussi vaincre.

*
* *

Quand Udaroff reprit le chemin de l'usine, il sentait comme une légère ivresse. Le cœur lui battait à tout rompre. Sa tête travaillait, tranquille et précise. Tout lui paraissait si simple, si clair, si compréhensible et s'enchaînait si bien. Il voyait comment, dans les événements qui mûrissaient, les intérêts des ouvriers d'une usine se liaient à ne faire qu'un avec ceux d'une autre usine, et comment les intérêts des autres rayons et ceux des autres villes, et ceux de la paysannerie, et ceux de l'armée venaient se joindre aux leurs.

C'est exactement comme avant une tempête, pensait Udaroff. C'est comme si la haine contre la bourgeoisie commençait par empoigner un ouvrier, puis un second, puis un troisième, puis toute l'usine, la ville, le pays tout entier, et l'avalanche grossissant sans cesse, menace d'ensevelir les capitalistes. Pourvu qu'elle fasse vite !...

Avant l'Insurrection

Chez Udaroff, cela marchait de plus en plus mal. Il n'avait pas pu acheter de bois. Son petit garçon avait attrapé de la congestion pulmonaire. Sa femme était à bout de forces. Elle veillait toutes les nuits auprès du lit du petit. Bientôt, elle commença elle aussi à tousser. La veille, ils n'avaient eu à dîner qu'une soupe à l'eau et des pommes de terre à la margarine. Pour le casse-croûte, Udaroff, au lieu des tartines qu'il emportait d'habitude, ne prit qu'un bout de pain noir.

Sa femme ne lui faisait aucun reproche; elle lui demandait seulement :

— Rentreras-tu coucher ce soir ? parce que je ne fermerais pas la porte.

— Je ne sais pas, répondait Udaroff, mais ferme plutôt la porte.

— Bon, alors je demanderai à Niuscha de venir cette nuit, car notre petit Serge tousse si fort, que, par moment, j'en ai peur...

— Bien, bien. Adieu !

**

L'état d'esprit des ouvriers s'était encore affermi ce jours-là, et tous étaient joyeux de se battre.

Il y en avait bien peu qui pensaient encore à leur travail à l'usine. Ils ne travaillaient plus que d'une façon mécanique. Ils avaient des réactions actives et tumultueuses à tout les événements politiques. Partout, des réunions se formaient d'elles-mêmes, dans les usines, dans les casernes, dans les rues, dans les boutiques où les gens attendaient pour avoir des denrées, à chaque rassemblement que le hasard formait, partout où deux hommes n'avaient pas le même point de vue sur les événements.

*
* *

Udaroff prend le tram pour gagner la ville. Au quai de Wyborg, quelques ouvriers se disputent. On entend l'un des deux crier, en brandissant un journal du matin :

— Et qu'as-tu donc besoin de la majorité ? Les usines Poutiloff (16) sont elles aussi contre un gouvernement, et chez nous, Rosenterang, Phénix, Pawiainen, toutes les boîtes sont comme un seul homme pour les Soviets; même l'usine « Metal » qui s'est décidée...

— Et Moscou ? Et la campagne ?

— Bah ! Qu'est-ce qu'il y a donc là-bas, est-ce que ce ne sont pas des hommes comme nous ?

— Et les officiers ? Et l'armée ?

— Des bêtises ! Est-ce que par hasard il n'y a pas d'ouvriers dans l'armée. Sois tranquille, les officiers se feront petits. Je ne dis pas, bien sûr, que ce soit facile...

Tous écoutent, font des remarques et considèrent cette discussion comme quelque chose qui touche chacun de près. Tous pensent à ces choses et y vivent plongés.

*
* *

Maintenant, le tram a passé le pont de Liteyini. C'est un autre public qui emplit la voiture. Ici, c'est un élégant officier qui fait sonner ses éperons et demande à une dame la permission de s'asseoir auprès d'elle. Plus loin, s'assied un ingénieur, là, un élégant jeune homme en chapeau mou, à côté, un négociant.

Udaroff se met dans un coin et il observe. La gueule la plus repoussante est celle de l'officier, il a la gueule typique et désagréable de l'officier d'état-major, celui qui combat « jusqu'au bout », jusqu'à la victoire. Au reste, l'ingénieur ne vaut guère mieux.

— Pardon, dit l'officier, et il se tourne vers le jeune homme qui, justement, est en train de lire, dans le *Rietsch* (17) un article sur « Le complot des Bolchéviks ? ».

— Oui, répond l'autre, mais pourquoi donc, bon Dieu, le gouvernement attend-il encore ?

— Est-ce que c'est un gouvernement, répartit l'officier en élevant la voix. Ce sont des chiffes molles, mais ce n'est pas un gouvernement. Ces ordures de bolchéviks. Pardon, dit-il en se tournant vers la dame, mais les yeux de celle-ci brillaient d'approbation — il faudra nous en débarrasser sans pitié et sur-le-champ, sinon cette bande-là nous donnera encore bien du fil à retordre.

— Nous les tenons, pensa Udaroff, ils sont eux aussi hors de leurs gonds, et ce n'est pas seulement dans la queue devant les boutiques de boulanger qu'on emploie le mot « ordure ».

— Que fait donc le gouvernement ? Où restons-nous ? Les bolchéviks s'organisent, deviennent chaque jour plus forts et nous ne savons que nous lamenter, intervint à son tour l'ingénieur. Maintenant, voilà qu'ils ont envoyé un contrôleur au grand Etat-major ; c'est une gifle, une insulte inouïe, et personne n'a répondu à cela comme il convenait.

— Hum, hum ! grommela l'officier vexé, mais c'est encore l'affaire du gouvernement.

La porte de Trotsky
à l'Institut Smolny gardée par la garde rouge

— Oui, s'il vous plaît, et l'histoire de l'évacuation de la garnison ? Les bolchéviks n'ont pas non plus consenti à cela.

— Le tram s'arrêta à la perspective Newski, l'officier descend. Une foule de gens monte. Tous appartiennent au meilleur monde.

— Vous avez raison, monsieur, intervient à son tour le négociant, et tout le monde se tourne vers lui, attentif. Il n'y a pas d'unité contre les bolchéviks et ils s'en servent. Les bolchéviks n'ont ni honte ni conscience, cette bande de brigands.

Udaroff ne peut se retenir plus longtemps.

— Vous en jugez d'après vous, dit-il.

— Oui, oui, crie le négociant, toi, il y a longtemps que je t'observais. Tu es un bolchévik, cela se voit de suite.

— Qu'est-ce que vous êtes donc, en fin de compte, dit l'ingénieur plein de mépris à Udaroff. Vous ne savez rien, vous êtes des brutes, des instruments dans la main de Lénine.

Udaroff sent qu'il vaudrait bien mieux se taire. Mais il bout, et il ne peut pas résister plus longtemps.

— C'est bien possible que nous ne soyions qu'un instrument, mais il travaille bien.

— Osez donc menacer, claironne une dame, émeutiers, rebelles, il faudrait vous mettre tous en prison, ce serait votre place.

— Ils commencent à ameuter le peuple ouvertement, remarqua un de ceux qui venaient de monter.

— Il serait intéressant de savoir si ce coquin n'est pas un déserteur, dit quelqu'un avec l'intention bien nette de le provoquer.

— Très juste, crie le négociant, là-bas, le sang coule, et ici, ils travaillent pour les Allemands.

Udaroff ne peut plus se contenir.

— Non, nous ne faisons pas cela. Mais vous, vous êtes des capitulards !

— Comment, des capitulards ; il y a des gifles pour punir de telles paroles, hurle le négociant hors de lui.

— Jetez-le dehors ! Voyou !

— Traîtres ! crient-ils presque tous.

— Descendez, lui conseille l'ingénieur en le pressant, ils ne savent plus se retenir.

— Est-ce que vous me donnerez des sous pour prendre un autre billet ? lui répond méchamment Udaroff.

— Tu veux encore parler, toi voyou ! et un voyageur l'attrape au collet, le pousse vers la porte.

— C'est bien, c'est bien, applaudissent presque tous les autres.

Ils l'auraient sans doute jeté en bas en pleine marche, si le conducteur, qui avait suivi de bout en bout la dispute, n'avait arrêté la voiture juste à cet instant.

Udaroff descendit. Il bouillait de rage. Il se sentait blessé jusqu'au sang et tremblait de tout son corps.

*
* *

De toute la journée, Udaroff ne put retrouver sa tranquillité. C'est ainsi qu'il arriva, sans être calmé, à la réunion de rayon. Il y avait déjà beaucoup de monde.

Les ouvriers des Ateliers de Newski l'entourent.

— Es-tu pour le soulèvement immédiat, lui demanda Grigorieff.

— Oui, et, je crois bien, toute notre cellule...

— De quelle usine êtes-vous, camarades ? leur demanda un ouvrier, se tournant vers eux. Hum ! bon, ça va bien. L'usine Panwiainen est aussi pour le soulèvement. Phœnix aussi, Erikson aussi. D'ailleurs, ça ne peut pas être autrement.

— Non, camarades, ça ne va comme cela, il faut traiter la question sérieusement.

Udaroff en reste tout étonné. Celui qui vient de prononcer ces paroles, c'est le même jeune orateur qui a soulevé toute leur usine.

— Qu'est-ce que vous dites, camarade ? interroge Udaroff, pour se remettre.

— Oui, c'est une question sérieuse. Il faut se préparer à un tel événement.

La cloche résonne. Tous courent aussitôt à leur place. Bien que les ouvriers tâchent, à grand peine, de se serrer le plus possible, beaucoup ne peuvent pourtant trouver de place, et sont obligés de rester debout. Ceux qui arrivent ensuite emplissent les passages jusqu'à la porte. On est encore obligé d'ouvrir une porte, menant à un corridor, et bientôt, celui-ci déborde à son tour.

On est à l'étroit et cela prend à la gorge. Beaucoup sont venus directement à la sortie du travail, avec leurs habits sales et leurs blouses.

Le discours du rapporteur n'est pas extraordinairement brillant. D'ailleurs, il bégaye un peu. Pourtant, il explique bien, à fond, la position qu'a prise la majorité du Comité central et du Comité de Pétrograd.

Dans la salle règne le plus profond silence. On n'entend pas le moindre bruit. Tous écoutent de toute leur attention le discours.

— La Révolution est en danger, déclare lentement l'orateur, il nous faut passer à l'attaque. Espérer encore en un développement pacifique serait une erreur inexcusable. Etre contre l'offensive, c'est trahir la classe ouvrière. La classe ouvrière ne nous pardonnera, ni notre irrésolution, ni notre manque de courage. La classe ouvrière veut combattre ; la retenir, c'est la livrer au bonapartiste Kérensky et à ses généraux blancs.

« Il existe encore un autre courant dans notre organisation : des camarades demandent que nous commencions par rassembler nos forces. C'est également une position nuisible et fausse. Ces camarades devraient savoir que, dans une bataille, le choix d'un heureux moment pour l'attaque est d'une importance capitale. Eh bien ! maintenant, c'est l'occasion qui passe, et il faut la saisir ».

L'orateur cite des chiffres, montrant le nombre des membres du parti, des syndicats et des conseils d'entreprise. Il parle du rayonnement de nos forces. Et il cite encore des chiffres et des chiffres. Puis il parle des dernières élections aux Doumas de rayon à Moscou. Il montre l'état d'esprit des paysans qui nous est favorable. Puis, il énumère les garnisons qui se sont prononcées pour le pouvoir des Soviets et cite quelques faits montrant l'état d'esprit de l'armée.

« L'armée exige que le parti passe tout de suite à l'offensive. Nous devons exiger la paix. Toute l'armée, tous les soldats, nous soutiendront dans cette revendication. Personne ne pourra les retourner contre le pouvoir des Soviets. Puis, nous demandons, et nous obtiendrons que les grandes propriétés foncières des nobles, des cloîtres et de l'état soient abandonnées tout de suite aux paysans. Y aura-t-il encore, après cela, des paysans qui pourront se déclarer contre nous. Nous réclamons pour les ouvriers la nationalisation des banques, l'introduction du travail obligatoire pour tous, la création de comités pour le ravitaillement, la confiscation de tous les stocks alimentaires au profit de la classe ouvrière. Nous voulons organiser le contrôle de la production. Est-ce que la majcrité des ouvriers pourra nous reprocher cela ? Est-ce que cela ne désarme pas les menchéviks et les social-révolutionnaires ?

« Je ne veux même pas parler de revendications telles que celle de la publication des traités secrets, ni dire que nous appelons les gens à renverser la bourgeoisie pour instaurer la dictature du prolétariat. Je n'en veux pas parler, parce que tous, vous savez la puissance de ces mots d'ordre et l'attraction qu'ils exercent.

« Est-ce à dire que cela nous garantisse la victoire complète ? Naturellement, non. Nous sommes des révolutionnaires, des bolchéviks, et non de la tourbe menchévique. Nous disons, qu'en partant d'une appréciation exacte de nos forces, nous avons l'espoir d'une victoire certaine. Nous devons prendre l'offensive, nous jeter avec toutes nos forces dans la bataille ».

L'assemblée applaudit l'orateur, sérieuse d'abord, enthousiaste ensuite. Après lui, le jeune orateur qui avait déjà parlé dans l'usine d'Udaroff prit la parole.

Il se prononce avec fougue et chaleur en faveur du soulèvement, ainsi que pour la nécessité de prendre le pouvoir.

« Mais, camarades, continue-t-il, nous ne pouvons tenter un tel pas que lorsque nous aurons tout pesé, suffisamment mesuré et préparé. Il faut, dit-il, que nos lignes de combat aient une organisation militaire. Nous devons porter le coup avec une telle force que la bourgeoisie en crève. Y sommes-nous absolument prêts ? Bien sûr, les ouvriers sont pour la bataille. Bien sûr, tous sont prêts à se jeter dans la lutte. Mais, est-ce que tout le prolétariat est organisé ? Je ne le crois pas et je vous demande à tous de travailler à nous donner une organisation meilleure, une discipline plus forte. »

Un autre camarade, d'aspect encore jeune malgré ses cheveux tous gris, lui fit une réponse qui le réduisit à néant.

Il commença lentement, sur un ton mesuré : « Le camarade se trompe. Il croit qu'il est nécessaire de passer à l'action ; il croit que nous sommes forts, il croit que les ouvriers sont prêts à lutter. Que veut-il donc de plus ? « Oorganisez-vous », dit-il. Qui d'entre vous peut donc croire qu'on part se battre sans être organisé ? Pourtant, nous ne pouvons pas prétendre avoir une organisation exactement parfaite. Il ne vous arrivera jamais que l'on vous dise : « A présent, tout est prêt, nous avons organisé tant et tant de mètres ou de kilos ».

Des rires s'élevèrent dans la salle.

« Le camarade a parlé avec cœur, avec chaleur, avec foi. Mais il ne nous a pas dit un mot de ce que sont ces revendications concrètes. Je lui conseille de bien réfléchir encore une fois et de décider ensuite, définitivement, s'il veut venir avec nous ou appartenir à ceux qui sont contre le soulèvement. Balancer entre deux positions est indigne d'un vrai bolchévik. »

Trois hommes parlèrent encore. Tous se prononcèrent contre le jeune orateur. Celui-ci restait assis, réfléchissant et jetant sur l'assemblée un regard perdu dans ses pensées.

Le président fit passer au vote :

— Qui est pour le soulèvement ?

Une forêt de mains s'élevaient.

— Qui est contre le soulèvement ?

Personne ne leva le bras.

— Qui est pour le soulèvement dans le sens du Comité central et du Comité de Pétrograd ?

A nouveau, presque toutes les mains se levèrent.

— Qui est pour le soulèvement dans le sens indiqué par le camarade ?

Quelques-uns seulement votèrent pour.

Il y eu des applaudissements frénétiques, et des cris « Vive la Révolution ! Vive le pouvoir des Soviets ! »

Et, puissante, *l'Internationale* monta de milliers de poitrines :

> *Debout les damnés de la terre !*
> *Debout les forçats de la faim !*

*
**

Udaroff va trouver l'oncle et lui demande :

— Alors, cette fois, c'est définitivement décidé, nous commençons ?

— Non, non. Viens demain soir au comité de rayon. De là, nous partirons à Smolny (18). Il y aura là-bas une séance commune de la fraction du Soviet et des fonctionnaires responsables du parti de Pétrograd. Là-bas, cela va chauffer !...

Mais quand est-ce donc que tous ces discours prendront fin ?

— Chaque chose en son temps.

La réunion se dispersait lentement. Les camarades se formaient par petits groupes et discutaient les différentes questions du jour. Ils parlaient des armes, de l'occupation des postes de police, des possibilités de gagner les cosaques qui campaient à proximité de Pétrograd.

— Laisserons-nous les cosaques sans y toucher ? Que ferons-nous pour les gagner ?

— Pourquoi les laisser hors de compte ? Permets, nous avons nos gens là-bas aussi. Aurions-nous travaillé pendant deux mois pour rien ?

— Travaillé ?

— Et comment ! Ecoute-moi ce coup que nous avons monté. Les cosaques ne voulaient rien avoir à faire avec nous, ils ne voulaient même pas lire nos journaux, et après, bast !... Nous y avons envoyé des camarades femmes. Elles ont tourné la tête à quelques cosaques et sont arrivés ainsi à pénétrer dans la caserne. Tout en plaisantant et en échangeant quelques baisers, elles se sont mises à raconter que les ouvriers étaient leurs frères, à parler sur le gouvernement, à leur expliquer que leurs vrais ennemis, c'étaient leurs officiers et leurs généraux. Ces jeunes gens acceptaient cela avec pas mal de doute. Ils commencèrent à lire nos journaux. Puis, ils me prirent pour une réunion, et ensuite, tout a marché sur des roulettes. A présent, ils sont prêts à tout.

— Epatant !

— Et les filles ?... Est-ce qu'elles ne sont pas devenues cosaques ? dit quelqu'un en plaisantant.

— Laisse choir les plaisanteries. Connais-tu Niurka ? C'est elle qui commandait, là-bas.

— Oh ! si c'est cela !...

*
* *

La rue est sombre, il pleut et il neige. L'air est humide et froid, mais personne ne le sent. Tous sont excités et s'entretiennent entre eux, très haut. On rit, tout le monde est content et de bonne humeur.

— Non, Wania, demain, je vais directement à la section. As-tu déjà vu ma carabine ? Je vais la nettoyer ce soir, mettre des cartouches dans mes poches et je viendrais en armes à la fabrique.

— Ecoute, toi. Je veux aller un instant chez ma mère. J'y ai caché mes « oranges » (19). Ensuite, je me procurerai un fusil et nous nous ferons incorporer ensemble.

—Enrôle-toi demain sans armes, peut-être que, chez nous, on te donnera un fusil.

— Je le ferai aussi.

Dans la fabrique, Udaroff rencontre un garde rouge caché dans un coin de la cour qu'on ne peut apercevoir de la rue.

— Qu'est-ce que tu fais là ?

— Je monte la garde, répond en riant le jeune gars, et il ajoute à voix basse : « Nous avons déterrer les armes, et si, par hasard, la police prenait fantaisie de faire irruption...

— Allons, c'est commencé, pensa Udaroff en se secouant tout joyeux.

Dans la salle du conseil d'usine régnait un désordre indescriptible. On avait reculé toutes les tables dans un coin ; partout, des caisses ouvertes, le sol était recouvert de paille. A côté, un tas gigantesque d'armes, de mitrailleuses et de cartouches. Udaroff en resta tout étonné sur le seuil.

— Toi, Petia, commanda Grigorieff, essuie les fusils et nettoie les culasses, elles sont toutes rouillées. Et toi, Jegoritkch, pourquoi ne fais-tu rien ? Occupe-toi des grenades.

— Grigorieff, qu'est-ce que tu as donc ? cria Udaroff tout joyeux.

— Ah ! c'est toi. Nous avons déterré les caisses. Il y a beaucoup de pièces rouillées.

—N'est-ce pas un peu trop tôt ? répond Udaroff en riant.

— Nous voulons seulement... les nettoyer et les enve-
lopper, répond Grigorieff en clignant de l'œil.

Malgré l'aspect extraordinaire du corridor et de la salle
du conseil d'usine, où partout gisaient des armes, les ouvriers qui venaient au conseil d'usine ne paraissaient en
manifester aucun étonnement. Il y en avait toujours de
nouveaux qui venaient s'inscrire dans la garde rouge. Le
conseil d'usine a changé de travail. On a oublié les petites
choses de tous les jours. Le conseil d'usine a plus l'air d'un
état-major d'armée que d'une paisible organisation ouvrière.

Au repos de midi, un maximaliste (20) bien connu vint
au conseil d'usine. Après avoir salué tout le monde, il demanda à voir Udaroff.

— Il parcourt sans doute les ateliers, répondit le secrétaire.

— Ah ! Peut-être pourras-tu me dire, en fin de compte,
ce que vous projetez, dit le maximaliste en montrant les
armes ?

— Rien du tout. Nous avons seulement ressorti ce qui
nous restait de février.

— Je te demande cela sérieusement, ne sais-tu pas qui
je suis ? dit l'ouvrier, choqué.

Au même instant, arrivait Udaroff tout excité. Lorsqu'il
vit le maximaliste, il reprit vite son sang-froid et le salua
tranquillement.

— Bonjour, répondit l'autre. Je suis venu pour savoir
ce que vous pensez faire. Notre groupe a discuté de la
situation et a résolu de former un bloc avec les bolchéviks.
Quelles offres nous faites-vous ?

— Pas d'autres, mon cher, que celle d'une place dans
la garde rouge, et sous la condition la plus expresse que
vos gens obéiront aveuglément à nos directives.

— Et une place dans le conseil d'usine ?

— Non. Adresse-toi au Comité de Pétrograd, et, par lui, à nos instances centrales. Mais, dans nos organisations inférieures, il n'y a pas de bloc possible.

— Bon, ne nous disputons pas. Je vais voir comment arranger cela. Mais, quand ça commence-t-il ?

— Peut-être demain, peut-être dans une semaine.

— Bon. J'irai aujourd'hui à Smolny et je parlerai à vos fonctionnaires. Ils ont la langue plus longue que toi, ajouta en riant le maximaliste.

Il s'éloigna ; Udaroff se remit à marcher, tout irrité, de long en large dans la pièce. Grigorieff le trouva dans cet état.

— Qui est-ce qui te met si fort en colère ?

— Le diable les emporte. Je suis allé chez le directeur pour obtenir la pièce d'à côté. Cet animal s'est fichu de moi. Quoi, a-t-il dit, est-ce pour l'état-major ? Avec toutes vos armes, une seule pièce ne vous suffit certainement plus.

— Cela ne vous regarde pas, que je lui dis. Alors, il me répond : « Nous en avons besoin pour nos affaires ».

— Exproprions-le donc par les voies révolutionnaires.

— Non, il nous faut encore attendre, que diable ! Mais c'est absolument impossible de travailler dans une seule pièce.

— Tu t'agites trop, Alexis... c'est tout à fait inutile.

— Et toi, tu t'excites trop. Ecoute, je vais maintenant au comité du rayon et je ne reviendrai que tard dans la nuit. Reste là, prie quelqu'un d'aller jusque chez moi pour demander des nouvelles de mon petit. Au revoir, tiens-toi sur tes gardes...

*
* *

Udaroff rencontra l'oncle dans l'escalier.

— Où vas-tu ?

— Je vais seulement jusqu'au restaurant pour manger quelque chose. As-tu déjà déjeuner ? Viens-tu avec moi ?

Ils partirent au restaurant, une brasserie miteuse, repoussante de saleté.

Tout en mangeant, ils entamèrent la conversation.

— Tu es bien entré dans le parti avant la guerre ? commença « l'oncle », où donc as-tu travaillé et avec qui ?

— Oui, avant la guerre, j'ai fait presque toutes les usines de Pétrograd, mais je ne t'ai pourtant pas vu.

— J'étais à Moscou, et j'ai été condamné aux travaux forcés. Avant, j'avais déjà travaillé à Pétrograd. Dès qu'éclata la Révolution, je revins par ici. Il n'y a pas de meilleur coin que Pétrograd. J'ai parcouru la Russie un peu dans tous les sens, et je n'ai trouvé nulle part des ouvriers comme ceux d'ici.

— Dis moi, est-ce que tu connais Lénine de plus près ? Est-il à proximité ?

— Je le connais... comment le dirais-je... Il est grand et... solide. Quand tu le vois dans une séance, tu sens qu'aucun autre ne l'égale. Il parle de telle façon que tu ne peux le contredire. Et, pourtant, dans tout cela, tu ne sens pas le moins du monde qu'il est la tête de la Centrale. Les vieux paraissent des enfants auprès de lui. Suppose que la séance soit terminée. Tu vas à lui, souvent, c'est lui qui t'appelle. Tu lui racontes ce qui se passe dans ton rayon, tu l'interroges sur ce qui ne te paraît pas bien clair. Il t'explique tout. Si tu n'es pas d'accord avec lui, tu lui dis ton opinion et il t'écoute en te prêtant même plus d'attention que ne ferait un autre. Il ne t'interrompt pas et te laisse parler jusqu'à la fin.

— Qui viendra, des chefs, à la réunion d'aujourd'hui ?

— Il en viendra beaucoup. Vois-tu, ce n'est pas une bonne chose que nous ayions aussi peu de gens parmi nos chefs qui soient des ouvriers. Naturellement, tous nos intellectuels sont dévoués corps et âme à notre cause. Ce sont des gens intelligents. Mais, quand arrivent les moments difficiles, ils hésitent. Est-ce que cela vient de ce qu'ils ont les nerfs plus faibles, ou le cœur plus mou, ou simplement de ce que leur caractère est ainsi fait, je n'en sais rien. Ils ne se décident pas, ils hésitent ! .

— Toi, es-tu un ouvrier ?

— Non, seulement à moitié. C'est d'ailleurs pourquoi je te dis toutes ces choses. Je le sens bien. Tu ne peux pas aussi bien les comprendre. Un véritable ouvrier, peu cultivé, est toujours en lui-même plein de respect pour l'intellectuel. Il le tient pour meilleur et plus haut. C'est vrai surtout quand il s'agit de ces intellectuels qui se sont donnés tout entier à la lutte pour la cause de la classe ouvrière.

— Je ne sais pas, je n'ai pas encore remarqué cela.

— Ah, bon ! dit « l'oncle » en riant.

— Mais, dis donc, combien est-ce qu'on paye ici? Je n'ai pas d'argent.

— J'en aurai encore assez pour nous deux... Viens, nous allons passer une petite demi-heure au comité de rayon, et, de là, nous irons directement à l'institut Smolny.

*
* *

Pétrograd est splendide par les nuits claires. Des milliers d'étoiles brillaient au ciel et les lumières du quai se réflétaient dans la Néva. Les lanternes du pont du château éclairaient comme en plein jour.

— Regarde, comme c'est beau, dit « l'oncle » à voix basse, lorsqu'ils furent au milieu du pont de Litéiny. Il n'y a que ce silence qui vous trouble.

— Comment ça, le silence ? Udaroff ne comprend pas.

— Eh bien ! oui, c'est justement trop tranquille, trop calme, trop paisible. Si seulement il y avait ici un peu plus de bruit et de tumulte...

— Alors, ce serait en effet une autre histoire, interrompt Udaroff.

— Tu as raison. Marchons plus vite.

*
* *

Il règne encore à Smolny beaucoup de mouvement, malgré l'heure tardive. Toutes les fenêtres de l'immense bâtiment sont éclairées. Derrière le mur, sont rangées quelques automobiles, des groupes de soldats circulent. On a attaché des chevaux tout près sellés. Un courant de gens qui entrent et qui sortent franchit continuellement la porte. La même animation emplit les corridors de l'étage inférieur. Il y a presque encore davantage de monde. Des groupes se tiennent par places et discutent, on apporte quelque chose. Le mouvement résonne sous les hautes colonnes du corridor.

« L'oncle » marche à pas vifs. On voit qu'il vient souvent dans la maison. Il attrape carrément la poignée de la porte n° 4, ouvre d'un geste vif et Udaroff aperçoit une grande pièce blanche dans laquelle sont assemblées environ 300 personnes. Les chaises, les sofas, le rebord des fenêtres, tout est occupé, et dans les couloirs, beaucoup se sont simplement assis par terre. Deux fortes lampes électriques suspendues très haut, presque au plafond, éclairent la pièce. La blancheur des murs rend leur lumière encore plus crue.

« L'Oncle » se fraye aussitôt un chemin jusqu'à la petite table du président. Udaroff reste planté là et s'appuie contre le mur, dépaysé. Il est perdu, ne se sent pas chez lui et décide de ne pas avancer plus loin.

— Tu es là, toi aussi, Udaroff ? lui crie tout d'un coup le jeune orateur.

— Cela va mal, je ne reconnais pas ici âme qui vive, répond Udaroff.

— Ce n'est rien, asseyons-nous ensemble. Je t'expliquerai tout.

Ils s'installent vaille que vaille à même le plancher, non loin du presidium, et le jeune orateur se met à indiquer à Udaroff les noms des assistants.

— Tiens, tu dois bien connaître celui-là, c'est Wolodarsky (21). Il a hésité, tout comme moi. Je ne sais pas trop ce qu'il pense, à présent. Pour moi, j'ai pris maintenant une décision et je pense comme vous qu'il est grand temps d'agir.

Udaroff regarde la figure jeune, très pâle, de Wolodarsky et le voit dans une conversation furieusement animée avec un camarade. Des taches brillantes brûlent sur ses joues, ses yeux jettent des éclairs à travers son lorgnon; ses longues mains maigres et ses épaules sont sans cesse en mouvement.

— Cet homme-là, pense Udaroff, vit les événements et ne les aborde pas avec sa seule raison.

— Et l'autre vieux, là, c'est Riasanoff (22), continua le voisin d'Udaroff. Il est contre le soulèvement. Sans doute qu'il va parler ce soir. Là-bas, assis à la table, en blouse sale, c'est Lachevitck (23). C'est un homme énergique, un vrai combattant. Il est pour le soulèvement.

— Et qui est celui-là ?

— Le grand ? C'est Tchudnowski (24). Il est contre le soulèvement. Mais j'ai entendu dire que c'est un révolutionnaire convaincu.

La cloche résonne. Le président ouvre la séance et donne la parole à un membre de la Centrale du Parti.

Un grand diable, très maigre, rasé, s'avance jusqu'à la table. Il commence son discours sur une ton assez bas, cherchant un peu ses mots.

Au début, tout le monde l'écoutait avec attention. Udaroff s'efforçait lui aussi de ne pas perdre une seule parole. Mais, bientôt, comme l'orateur traite exactement les mêmes choses qu'il avait déjà entendues à la réunion du rayon, il devient distrait et reporte son attention sur le public. Il regarde les assistants un à un et s'aperçoit bientôt de toute la différence entre cette réunion là et les réunions de rayon. Ce sont de tout autres gens auxquels il a affaire. Là-bas, dans le rayon, les camarades sont assis bien sagement et se contentent d'écouter. Tandis qu'ici... les gens semblent à peine écouter le discours de l'orateur. Beaucoup ont des carnets et écrivent, prennent des notes, envoient des billets. Et quelle expression de sérieux sur toutes les figures ! Et quelles différences. Chaque physionomie a son caractère spécial.

Bientôt, Udaroff cesse complètement de suivre l'orateur et se met à considérer l'assistance avec intérêt. Il aurait bien voulu savoir la biographie de chacun et son rôle dans le Parti.

— Qu'est-ce que tu regardes si fort ? lui demanda son voisin.

— Je voudrais bien les voir tous. Je ne sais ni qui ils sont, ni ce qu'ils font, répond Udaroff à voix basse.

— Oui, il y a là toute la charpente de notre organisation. La tête, c'est la Centrale. Mais la base est ici, et ce sont ceux-là qui feront la révolution.

Meeting en plein air

— Qu'est-ce qu'ils font donc, à présent ?

— Ce sont les secrétaires des rayons du Parti, les délégués des usines et de la garnison, les agitateurs et les organisateurs.

Un homme en uniforme attira l'attention d'Udaroff. Il porte la patte d'épaule d'aspirant, et toute son allure respire l'énergie et la bravoure. Ses cheveux courts se redressent hardiment, il porte la tête bien droite et s'est assis si légèrement qu'on le dirait prêt à se lever et bondir au premier signal. Son manteau est presque neuf et lui va bien, mais il ne marque ni brillant ni élégance. Peut-être cela vient-il de ce que son visage est un peu dur. A côté de l'aspirant s'est assis un gros vieux avec un bon pardessus, un col blanc et un plastron. Pourtant, il n'a pas l'air d'un monsieur. Udaroff sent en lui un esprit d'élite. Son haut front blanc doit renfermer beaucoup de science. Il se fronce lorsque le vieux prend sur son carnet quelque note rapide.

Un peu plus loin se tient un ouvrier, qui peut bien avoir dans les 25 ans. Il est mal habillé, en blouse, mais avec une cravate artistement nouée. Il est rasé de frais et les cheveux taillés. Il fume une bonne cigarette. Il ne prend pas de notes ! Il paraît plongé dans de profondes réflexions.

Soudain, l'ouvrier qu'Udaroff était justement en train de considérer, se lève. Partout, des cris éclatent : « Ils se répètent ! » — « Non ! Bien ! Bien ! »

Une partie de la salle applaudit. Cela provoque aussitôt des mouvements.

— Vous pouvez venir ici me contredire, lance l'orateur devenu hargneux, mais nous, nous affirmons que faire opérer une retraite au parti, retarder l'heure de l'attaque, c'est livrer la Révolution aux mains de ses ennemis.

— Très bien ! crient encore quelques voix.

L'orateur parle maintenant avec fougue, critiquant tantôt l'une, tantôt l'autre tendance. L'assemblée est excitée,
nerveuse. On se remue dans la salle, et le président est obligé
d'agiter sa sonnette, de rappeler à l'ordre à chaque instant.

Un débat chaud et passionné s'engage. Udaroff n'a jamais rien entendu de semblable. Les orateurs se succèdent
sans interruption. Leurs discours sont hérissés de pointes
et de mots mordants. On leur répond du sein même de
l'assemblée. Contre le mur, derrière le presidium, ceux qui
ont déjà parlé ou ceux qui vont le faire se disputent. Cela
bout et bouillonne tout autour de la salle comme dans une
marmite.

— C'est ainsi, pense Udaroff, que se forge la pensée, la
volonté unique. Il crie et il applaudit avec les autres.

Les orateurs deviennent de plus en plus hargneux. Bientôt, ils ne parlent plus, ils crient.

— Je vous adjure, s'écrie un orateur, de ne pas faire
ce pas !

— Qu'est-ce que c'est ? lui répond-on. Quoi ? Ha !...
ha !... ha !...

A travers le tumulte et les rires, on entend quelques voix
crier :

— Cela suffit ! Passons au vote !

— Je suis contre la clôture des débats, crie-t-on d'un
autre côté, cela ne peut pas être...

— Bon, donne-lui la parole et clôturons après lui. Il y
en a assez !

Et c'est encore du bruit et de grands cris.

On termine. On passe au vote. Pour le soulèvement,
c'est une véritable forêt de mains qui se lève. A la petite
table du presidium se poursuit un débat acharné. « L'oncle » est assis là, tiré de tous les côtés, sans pouvoir bou-
ger, comme s'il était enchaîné.

Udaroff lui cogne le bras :

— Est-ce que tu vas enfin venir ?

— Attends encore un peu. C'est maintenant tout à fait intéressant. On va demander aux camarades s'ils restent unis avec nous ou s'ils refusent de prendre part au soulèvement.

— Et ?

— Ecoute la réponse ?

— Ici, il n'y a pas deux opinions, déclare celui qui était auparavant contre le soulèvement. Le Parti a pris maintenant une décision définitive. Il a résolu qu'il était temps d'agir. Nous serons au premier rang.

— Camarades ! Un instant de silence ! crie de toutes ses forces un homme qui vient à peine d'entrer dans la pièce.

Le bruit se tait, et tous se tournent vers le nouvel arrivant.

— Silence ! Nous venons de recevoir la nouvelle que le gouvernement a donné l'ordre de faire retirer les ponts. Il passe à l'attaque. Nous ne devons pas perdre une minute. Nous devons nous rendre maîtres des ponts... Rentrez tout de suite dans vos rayons...

— Et les directives ? s'écrie-t-on de toute part.

— Silence !

— Devons-nous nous séparer sans avoir reçu la moindre indication ?

— Silence ! Silence ! Qu'il reste un homme de chaque rayon. Vous recevrez les directives au Comité de Pétrograd. Nous ne pouvons rien décider ici. Tous à vos places !

Celui qui vient de parler saute de sa chaise. Il y a un instant de tumulte indescriptible. Puis, tous se pressent vers la sortie. Udaroff court, lui aussi, vers la porte, bousculant les uns, bousculé par les autres.

*
**

Dans la rue, il rencontre son voisin. L'autre se hâtait aussi de regagner son rayon. Ils marchaient en silence, n'échangeant qu'un mot de temps en temps.

Chacun d'eux était absorbé par ses propres pensées. Ils voulaient deviner l'issue de la nuit. Ils auraient bien voulu savoir ce que l'aube du lendemain apporterait.

Voici la perspective Léviné. Involontairement, tous les deux regardent vers la perspective Newski et se regardent en s'interrogeant mutuellement :

— C'est étrange, pensait Udaroff.

— Epatant, répondit l'autre, la ville dort, le gouvernement n'a encore rien entrepris, et, dans une heure, il sera trop tard pour eux. Diable, il faut qu'en une heure nous ayions tout mis sur pied.

— Justement, courons, dit Udaroff en criant presque.

La ville dort. Çà et là quelques passants se hâtent par les rues. Il neige. Personne n'a l'idée que la révolte est déjà commencée. Pendant ce temps-là, Kérensky a son attaque d'hystérie habituelle en plein conseil gouvernemental et il conjure tous les maux de fondre sur la tête des bolchéviks.

La ville dort. Mais les hommes qui ont résolu de prendre la forteresse ne dorment pas, à présent, ils se glissent à travers les rues sombres des quartiers ouvriers. Et ils ne dorment pas non plus, ceux qui, dans cette nuit, étudient sur le plan de la ville, les points qu'il faudra prendre et occuper les premiers.

Et il y a encore un homme qui ne dort pas cette nuit-là. Il se dépêche, pour arriver à Smolny dès le matin.

Une neige fine tombe sans interruption. Il gèle un peu... Un profond, profond silence règne sur la ville.

L'insurrection

— Wania, prends encore des cartouches !

— Ça fait assez. Sois tranquille. J'ai déjà deux cartouchières de pleines.

— Eh, peut-on savoir, prends-en donc encore une.

— Allez, les gars, remuez-vous ! retentit la voix du commandant : « En avant ! ».

Les crosses des fusils sonnent dur. Les lourdes bottes résonnent sur la chaussée.

Le temps est épouvantable, humide. La foule amassée dans les rues se chiffre par milliers. Les uns s'en vont devant eux, n'importe où. D'autres restent là à jaser sur les détachements de gardes rouges qui se rassemblent. Des camions pleins de gens en armes, avec des mitrailleuses passent en lançant de la boue. Une auto de place, avec des gardes rouges, le fusil prêt à faire feu, file par devant.

La perspective Sampsoniewski n'avait encore jamais vu un tel trafic. Février et Juillet (25) n'étaient rien en comparaison de ce qui se passe maintenant. Et surtout, chose capitale : tout le monde est armé.

Un commandement retentit :

— Rassemblement !

Le détachement a un aspect peu ordinaire. Des costumes de toutes sortes, les armes les plus différentes. Les hommes eux-mêmes se ressemblent peu entre eux. Voici un homme sérieux, barbu, renfermé en lui-même, qui reste là sans mot dire et se contente de jeter un regard de temps en temps sur l'animation de la rue. A côté de lui un jeune homme. Sa figure imberbe, rit sans cesse, et toujours, à droite, à gauche, il parle à ses voisins. Là-bas une jeune ouvrière, avec la croix rouge au bras et une trousse médicale sur le dos.

Le commandant, l'air d'un coq, haut planté, en veston court, un revolver et deux grenades à main à la ceinture, court çà et là et crie à plein gosier.

Les gosses et les femmes font du bruit sur le trottoir.

— Petia, regarde, c'est l'oncle Grigorieff, qui est le capitaine, dit une petite voie flutée d'enfant.

— Et, là-bas, vois-tu l'oncle Maxime.

— Oui, et celui-là, là-bas, avec la grande barbe, c'est le père de Wania, dit un tout petit garçon.

— Attention... En avant... marche...

Ils sont partis. Parmi les femmes, on entend des sanglots et des mots à demi-étouffés.

— Ne pleure pas, petite mère, on ne tue pas des hommes comme ceux-là. Ce sont des aigles.

— Quoi, des aigles... ils ne savent même pas marcher au pas.

— Oui, mais, en compensation, ils se battront bien.

— Le feront-ils ? Ils auront affaire aux Junkers (26), là-bas.

En fait, le détachement n'a pas un merveilleux aspect. L'un a l'arme sur l'épaule, un autre la laisse pendre négligemment. Les uns se taisent, d'autres parlent entre eux. Et ce qui fait le plus mal, c'est leur vêtement : celui-ci porte un manteau, l'autre, une veste, le troisième, un capuchon, un autre encore, une casquette de fourrure et ils forment un mélange curieusement bariolé.

Soudain, l'un entonne une chanson. Les autres reprennent, et, du coup, le détachement a pris un autre aspect. Les tailles se redressent, les pas s'affermissent et on sent qu'une nouvelle force les animent tous.

Quelqu'un a crié du trottoir : « Hurrah ! hurrah ! ». Les casquettes volent en l'air pour les saluer, on bat des mains, les enfants les suivent.

*
* *

Udaroff court à l'état-major du rayon. Avec son manteau ouvert, sa casquette rejetée en arrière, un revolver à la ceinture, il a complètement changé d'allure. Son allure d'ordinaire peu remarquable paraît avoir soudain grandi en taille et en importance.

Dans son usine, tout marche dans l'ordre le plus parfait. Les soldats sont mieux organisés que ceux de beaucoup d'autres usines. C'est aussi pour cela qu'on l'envoie au Palais d'Hiver (27). Le Comité de rayon a délégué Udaroff au Comité Révolutionnaire. Il se hâte d'y aller.

Un autre détachement de troupes sort de l'usine Eriksou. Un camion armé, avec cette inscription menaçante : « Mort au capital ! » le dépasse.

La foule s'est amassée tout autour de là. On décharge quelque chose devant le magasin d'une coopérative, et l'on entend des cris :

— C'est bien. Prenez-leur tout et déchargez-le ici. Cette bande du diable nous a bien assez pillé.

— Il faudrait aussi perquisitionner les maisons.

— Oui, mais si on commence à piller ?

— Le premier qui commencera sera fusillé sur-le-champ !

*
**

Le Comité de la Révolution et l'état-major ont installé leur siège dans une ancienne brasserie. C'est une maison à deux étages, toute sale. Il y a peu de monde dans le voisinage. Dans les rues voisines, on a placé des sentinelles et elles ne laissent passer personne sans raison importante.

— C'est très bien, pense Udaroff, c'est conforme aux lois de la guerre.

Tout lui paraît d'ailleurs merveilleux. Le bruit de la rue le réjouit. La vue des hommes en armes l'enthousiasme. Il ne remarque pas les petites choses, les à-côtés qui ne vont pas. La sentinelle à la porte commence par lui demander d'une voix sévère :

— Où allez-vous ?

Et comme Udaroff répond simplement :

— Au Comité Révolutionnaire.

Elle le laisse aussitôt passer, sans même lui demander le moindre papier. Udaroff ne remarque même que ce n'est pas très dans l'ordre, et que, de cette façon-là, plus d'un pourrait passer sans y avoir droit.

Udaroff monte l'escalier de bois tout branlant qui mène au premier. Dans la grande salle, qui a entièrement conservé son ancienne installation, des gardes rouges et des soldats ont installé leur bivouac. Il y a, parmi eux, quelques matelots, reconnaissables à leurs blouses noires et à leurs bérets.

Les gens parlent, font du bruit, s'occupent avec leurs armes. D'autres expliquent comment il faut se servir des mitrailleuses. On fabrique des balles et on emplit les cartouchières. Dans un coin écarté, ils sont quelques-uns à dormir à même le plancher et ni le bruit, ni le mouvement ne peuvent les tirer de leur sommeil, tant ils sont épuisés.

La porte de droite conduit au siège du Comité Révolutionnaire. La pièce est toute petite, ce doit être un ancien cabinet particulier, sale, aux tapisseries arrachées, et regorgeant de monde. Il est impossible de comprendre de quoi on parle, et tout aussi impossible de comprendre ce que font ici tous ces gens-là.

Udaroff se décide à visiter toute la maison. Il abandonne la pièce, traverse la salle et entre dans la pièce de gauche, l'état-major. Il n'y a que trois hommes, dans cette grande pièce. Ils discutent sur quelque chose et sont penchés sur un plan de la ville, à demi-déchiré.

— Epatant ! Regardez où ils sont déjà rendus !

— Bonjour, où étais-tu donc fourré ? dit un camarade de petite taille en se tournant vers Udaroff.

— Tu dois t'occuper d'organiser la milice. Prends une paire de gars et occupe avec eux les districts de police.

— Fais vite, ajouta un autre ouvrier, déjà plus vieux, vêtu d'un paletot de cuir, tu peux t'installer dans ce coin-ci. Procure-toi une table et commence tout de suite.

Sans même retirer son manteau, Udaroff se mit tout de suite au travail, tandis qu'il amenait sa table, un jeune homme vint lui offrir ses services. Il l'aida à installer sa table et lui demanda :

— Et qu'est-ce que vous allez faire ?

— Je vais organiser la milice (28).

— Est-ce que je pourrai vous aider ?

— Comment cela, m'aider ? Qui es-tu donc ?

— Juroff, le fils du vieux Juroff.

— Ah ! bon, vieux frère ! Comme tu as grandi ! Te voilà déjà un homme !

Le travail arrive tout de suite à flots. On envoie des ouvriers armés dans les districts, afin de voir comment ils sont occupés. L'état-major désigne les commissaires de la milice. On envoie des patrouilles dans la ville. On désigne des gens pour le service de nuit.

Udaroff s'y retrouve vite dans les affaires de l'état-major. Celui-ci se compose de cinq personnes, nommées par le Comité Révolutionnaire. Il conserve la liaison avec Smolny. On s'est procuré des armes, et, maintenant, on forme détachement sur détachement que l'on envoie au Palais d'Hiver, où la situation paraît être particulièrement difficile. Tout le rayon est entre les mains de l'état-major. On a installé partout des petits postes. On a libéré les prisonniers politiques de la prison « Kresty ». Il est à craindre que, dans le tumulte, des prisonniers de droit commun ne se soient également enfuis, mais on est à leur recherche.

— Il nous faut, avant ce soir, dit un ouvrier à cheveux gris, entreprendre l'arrestation de tous les éléments peu sûrs, armer encore de nouvelles troupes et tenir les ouvriers sur le qui vive.

— Eh bien, commençons tout de suite. Nous avons à présent un moment de libre. Réunissons le Comité Révolutionnaire, propose Udaroff.

Tout le monde est d'accord.

*
**

Dix hommes environ se rassemblent. Le vieux Juroff, Udaroff, une petit ouvrier nommé Sokoloff, l'ouvrier à cheveux gris : Utkin. Udaroff ne connaît pas les autres. Juroff préside. Malgré le bruit, il mène bien la séance, et quoiqu'à chaque instant des camarades fassent irruption dans la salle, apportant des nouvelles, Udaroff ne perd pas le fil, et le Comité Révolutionnaire tranche rapidement une question après l'autre.

Pas besoin de procès verbal. On se répartit les tâches au fur et à mesure. Pourtant, la question du ravitaillement les arrête.

— Alors, demain, nous resterons tous à mourir de faim, jette un ouvrier à gros nez. Pouvons-nous rassasier tout le monde sans distinction dans les restaurants ?

— A ton avis, il faudrait donc éditer des cartes ? l'interrompt Sokoloff. C'est que la Révolution englobe de larges masses de peuple.

— Même pendant la Révolution, le pain ne tombe pas du ciel, dit le premier tout en colère.

— Tu ne vois pas plus loin que ton ressort

— Et toi, tu n'es pas sorti de tes meetings. Alors il vaut mieux te taire.

— Au fait ! crie Juroff pour interrompre la dispute.

— Ça ne peut pas marcher comme cela, beugle Sokoloff. Il pense nourrir la Garde Rouge avec des cartes.

— Bouclez vos gueules, que diable ! Naturellement, Ivan a raison...

*
* *

Soudain, la porte s'ouvre, et « l'Oncle » fat irruption dans la pièce.

— J'ai à vous faire une communication extraordinaire, sur laquelle il vous faut immédiatement prendre position. Tous ceux qui sont là sont des nôtres, oui. Au Palais d'Hiver, ils sont en train de nous mettre en difficulté. Nous devons y envoyer tout de suite des renforts.

— Une minute, oncle, interrompt Juroff. Je propose de terminer d'abord nos affaires. Nous allons nommer avant tout un Comité de ravitaillement et désigner Ivan comme président; il se cassera la tête sur tous ces problèmes. Et maintenant, oncle, raconte-nous la situation à Smolny et dans la ville. Depuis midi, nous sommes sans nouvelles. Entendu ? Qu'est-ce qu'il y a encore ? Non, assez discuté, terminons !

— Schura, ferme la porte et ne laisse entrer personne. Qui est-ce qui frappe encore ? crie Juroff à son fils.

— Dans la ville, tout marche bien. Tous les rayons sont entre nos mains. On va entreprendre des arrestations en masse, mais le gouvernement s'est fortifié dans le Palais d'Hiver et ne veut pas se rendre. L'oncle baissa la voix : Nous avons l'intention, ajouta-t-il d'ouvrir sur le Palais un feu d'artillerie. Il faut qu'il tombe aussi tôt que possible entre nos mains.

— Et où en sommes-nous avec la garnison ?

— Qu'est-ce qui se passe à Moscou ?

— Pourrons-nous nous ravitailler ?

— Où est Lénine ?

— Comment est-ce que cela marche sur le front ?

— Est-ce qu'il y a des navires de guerre dans le port ?

— Ne parlez pas tous à la fois. La garnison est tout entière de notre côté. Nous avons des autos blindées à notre disposition, et seuls, les Junkers ne se rendent pas. A Moscou, nos gens hésitent encore, mais la révolte doit partir aujourd'hui. Lénine est à Smolny. On ne sait rien de ce qui se passe sur le front.

— Et le ravitaillement ?

— On a saisi au chemin de fer au moins trente wagons de denrées. En dehors de cela, nous avons encore deux barques. Nous pouvons donc tenir quelques jours.

— Qu'est-ce que font les matelots ?

— Les matelots sont avec nous et attaquent le Palais d'Hiver.

— Bon, dit Juroff, maintenant, nous allons décider ce que nous avons encore à faire.

On entend de violents coups de crosse dans la porte. Dans la salle d'à côté, quelqu'un jure et crie :

— Ouvrez-donc, vite ! Nous n'avons pas de temps à perdre.

Environ cinq hommes, le fusil sur l'épaule, se précipitent dans la salle. Au milieu d'eux, un petit homme maigre avec un tic.

— Nous exigeons qu'on le fusille tout de suite. Un chien pareil. Il était en train de coller des affiches menchévistes, grognent les gardes rouges.

— Où l'avez-vous pris ? demande Juroff.

— Auprès de la gare de Finlande. Nous l'avons arraché à la foule qui voulait le lyncher, répondit quelqu'un de la patrouille, sans doute le chef.

— Celui qu'on prend sur le fait, au mur tout de suite.

— Taisez-vous, vous autres. Continue, camarades.

— D'après moi, il ne peut pas y avoir de justice de lynch. Alors, dites ce que nous devons faire.

— Ah ! mais, attendez, mais c'est Davidoff ! s'étonna Udaroff, oh ! mais, tu es allé un peu loin ! C'est le menchévik de notre caisse de maladie. Ne lui faites rien, camarades ! Ah ! espèce de fou ! Tu as donc tout a fait perdu la boule...

Davidoff se remit rapidement.

— C'est vous autres qui avez perdu l'esprit.

— Crois-tu ? dit Udaroff en riant. Nous verrons bien. Pour l'instant, tu vas rester assis ici, dans l'intérêt même de ta propre sécurité.

Le Comité Révolutionnaire a pris en quelques minutes ses décisions. On va envoyer tout de suite des renforts au Palais d'Hiver. Un quart d'heure après, presque tous avaient évacué la salle pour s'y rendre. Peu de temps après, on voyait des détachements en armes sortir de toutes les grandes usines.

La nuit était sombre et, dans les rues, tout était tranquille. Les feux de bois des postes de garde éclairaient de leur lumière grêle tous les coins de rues et les détours. Des coups de feu isolés et des salves éclataient dans la ville et coupaient le silence.

Le combat allait de l'avant. Personne ne pouvait plus l'arrêter. Les dés étaient jetés. Victoire, ou défaite ?

*
* *

Au siège du Comité Révolutionnaire, Ivan établit avec les membres du Comité de ravitaillement le plan qui doit assurer des vivres à la population. Udaroff et Schura sont assis dans le bureau de l'état-major. Sokoloff n'est pas là. Utkin et quelques autres membres de l'état-major examinent comment on pourrait contrôler les « éléments peu sûrs ».

La porte s'est ouverte un tout petit peu, le voisin de logement d'Udaroff passe sa tête :

— Ah ! tu es là ? J'ai eu du mal à te trouver. Bonjour. Je retournais à la maison, je me suis souvenu que tu n'avais pas de nouvelles de chez toi.

— Et comment ça va-t-il, là-bas ?

— Bien, ton petit Serge va beaucoup mieux, et Marie est bien plus joyeuse. Ils n'avaient rien à manger, mais aujourd'hui, j'ai eu du pain. La bonne figure de l'ouvrier s'épanouit d'un sourire de contentement.

—- Où as-tu eu cela ? dit Udaroff en riant.

— Dans l'usine. On en a distribué à tout le monde. Alors j'ai réclamé aussi ta part, et j'ai reçu deux rations pour toi.

L'ouvrier s'assied, sort sa blague, roule une cigarette et sa figure exprime un plein contentement.

— Et comment va notre cause ? Est-ce que nous n'allons pas nous faire casser la tête ?

— Quoi, quoi. Aujourd'hui même nous les aurons tout petits, tout petits.

Le voisin d'Udaroff se penche par-dessus la table pour prendre une allumette et voit quelques morceaux de sucre.

— Je vais prendre un peu de sucre pour le petit Serge, dit-il.

— Non, il faut qu'il y en ait pour tout le monde, et regarde, cela ne fait pas beaucoup. Nous devons encore veiller toute la nuit.

— Oh ! je n'en veux que deux petits morceaux.

*
* *

Sokoloff fait irruption dans la pièce, à bout de souffle, éreinté et l'air formidablement excité.

— Où sont donc nos gars ? Au Palais d'Hiver, ça ne va pas au mieux pour nous autres. Il faut que nous fassions quelque chose tout de suite...

Schura court au Comité Révolutionnaire. Utkin s'approche. Tous entrent, vite, et, sans s'asseoir, écoutent :

— Je disais que cela va mal pour nous au Palais d'Hiver. Les Junkers et les Bataillons de la Mort (29) s'y sont barricadés. Nous avons eu de grosses pertes et nos premières troupes sont complètement épuisées.

Je vais appeler Smolny. Attends un peu, dit Ivan.

— Allo ! Smolny ! Il appelle encore : Allo ! Smolny ?
La chambre 47. Occupé ? Le diable vous emporte !

— Mais pourquoi diable téléphones-tu ?

— Alors, d'après toi, chacun doit marcher tout seul,
selon son plaisir ?

Je téléphone à nouveau : Allo ! Allo ! Qui parle ? Ici, le
rayon de Wyborg. Oui, c'est moi. Comment est-ce que ça
ça marche au Palais d'Hiver. Oui... Bon... Bon...

Ivan raccroche le récepteur, se tait quelques secondes et
dit ensuite, sur un ton grave :

— Udaroff, viens avec moi au Palais d'Hiver. Ils ont
assez de forces là-bas, mais il faut que nous leur donnions
du cœur au ventre. Nous devons nous-mêmes aller là-bas,
toi à tes gens et moi aux miens...

— Qu'est-ce qu'il y a ? demande Juroff en entrant. Ah !
c'est cela... bon.

— Père, demande Schura en se tournant vers Juroff,
je vais aussi avec eux ?

Le vieux a un petit mouvement à peine perceptible, regarde longuement son fils, puis s'approche de lui, lui caresse
les cheveux et répond en souriant :

— Va, mon gars. Te voila bientôt presque aussi grand
que moi. Tu n'es plus un gosse ! va !

Schura prend un fusil sur son épaule, accroche ses cartouchières, regarde son pistolet, et dit, en élevant à peine
la voix :

— Au revoir !

Udaroff prend un fusil et marche en silence vers la
porte. Ivan les suit.

Le voisin d'Udaroff est resté de côté le long du mur. Il
les laisse sortir tous les trois, puis leur court après, attrape
Udaroff et lui dit :

— Bon courage, Alexis. Je dirai à Marie que tu es resté
à l'état-major. Oui ?

L'Entrée de l'Institut Smolny pendant l'Insurrection.

— Oui... oui...

Ils disparaissent dans les ténèbres. Le vieux Juroff passe sa main sur son crâne chauve, s'assied, et se met à parler des choses courantes avec Utkin.

*
* *

Ils courent presque tous les trois. Ils ont déjà passé le pont Sampsonewsky et atteint la rue Dwoyanskaja. Des gens à cheval les dépassent au galop. Du côté de la ville, on entend une fusillade ininterrompue. De temps en temps, des postes les arrêtent. On dirait que les sentinelles sortent de terre, elles se dressent tout à coup devant eux et demandent, sur un ton de menace : « Qui vive ? ».

Plus ils avancent et plus augmente leur énervement. On devine de plus en plus précisément le combat. On sent que l'obscurité de la nuit cache des forces, couchées partout dans le brouillard, et que protégés par la nuit, des milliers d'hommes, l'arme à la main, ne sont animés que d'une seule volonté : porter à l'ennemi un coup mortel.

Maintenant, ils sont arrivés au Palais de la Kchessinskaïa (30). Par là règne une bruyante animation. On camoufle des mitrailleuses. Des autos blindées passent en roulant lourdement. Un joyeux sentiment emplit l'âme d'Udaroff : nous sommes forts !

Devant la porte de la forteresse Pierre et Paul, on sent dans l'ombre un certain mouvement. Sur le pont Troïzky, il y a encore des sentinelles. Le passage est fermé. Ils ne peuvent passer qu'en parlementant longuement. Sur le Champ de Mars, on devine quelque chose comme une ligne de tirailleurs. Des coups de feu brillent en éclairs... Un temps de course. Les camarades marchent juste le long du mur du Palais de Marbre. Ils demandent :

— Est-ce que le détachement de Wyborg est par ici ?

— Il est vraisemblablement auprès de la Chapelle. Ils ont reçu là-bas l'ordre d'attaquer. Passez par la Moïka, ici, vous ne pourrez pas passer, leur disent les camarades.

Une salve. On entend le sifflement des balles. Ils courent, penchés, jusqu'à la caserne Saint-Paul. Ils tiennent leurs fusils prêts à faire feu. Ils courent jusque là-bas.

Encore une salve.

— Où diable est-ce qu'on tire aussi irrégulièrement ? demande Udaroff à voix basse.

— Je ne comprends pas non plus. C'est très mauvais. Il n'y a aucun ordre, répond tout aussi bas Ivan.

Il leur devient de plus en plus difficile d'avancer. Le désordre règne partout autour d'eux.

Enfin, ils atteignent la Moïka. Sur le premier pont, voici encore des sentinelles. Sur le deuxième, on est en train d'installer une mitrailleuse.

— Mais pourquoi faire, bande de fous ? ne peut se retenir de leur demander Udaroff.

— Et s'il leur passait par la tête de faire une sortie ? répond un garde rouge.

— Peuh ! et où donc ? Tu n'arriveras qu'à atteindre les nôtres. Où sont donc les gens de Wyborg ?

— Nous en sommes.

— Enfin !... Quelle usine ?

— Parwiaïnen.

— Où sont donc ceux de l'Usine N ?

— Là-bas, au coin. Mais c'est surtout là-bas qu'on tire. Prenez garde !

— Si tu veux, Udaroff, propose Ivan, tu vas chercher à retrouver tes gens, moi j'irai vers les miens et je vous suivrai. Si vous partez à l'attaque, je vous suivrai pas à pas.

— Udaroff, je vais avec toi, demande Schura.

— Viens ! Viens !

Udaroff et Schura se collent sur le sol et se mettent à ramper sur le pavé froid et sale de la chaussée. La zone où ils se trouvent est véritablement prise sous les feux, mais les balles volent au-dessus de leurs têtes. Ils rampent en silence, côte à côte. Ils aperçoivent déjà la place et la façade du Palais d'Hiver. Ils voient les barricades de bois devant les portes du château, et les éclairs des coups de feu qui partent des jardins du palais. Ils voient une ligne d'hommes qui, venant du jardin Alexandre, se déplacent vers eux. Tout d'un coup les balles battent la chaussée. Un sentiment de malaise les empoigne. Ils courbent instinctivement la tête et ils attendent. On entend les mitrailleuses sous l'arche du pont. On les a repérés du château et on dirige le feu sur eux. Udaroff et Schura bondissent en avant et atteignent enfin le coin de la rue.

— Halte ! Qui vive ?

— Amis !

— C'est toi, Udaroff. Pourquoi es-tu venu ici ? C'est Grigorieff qui parle, et on entend toute sa joie.

— Comment ça va ? On dit que les pertes sont grosses.

— Ça va. Nous avons des pertes, bien sûr. Mais nos gars se sont renforcés et échauffés. Nous allons pouvoir tenter une nouvelle attaque. D'ailleurs, regarde, on distingue un mouvement vers l'Amirauté. Est-ce qu'ils attaqueraient, par là-bas ?

— Il faudrait se mettre en liaison avec eux, conseille Udaroff.

— Non, on les voit d'ici, aussi bien. Reste là, je vais aller au coin de la rue des Millions. Ce sont aussi de nos gens. Dès que ceux de l'Amirauté avanceront, attaquez aussi. Je vous suivrai, et nous y allons.

Udaroff réfléchit un instant :

— Bon ! dit-il.

Les hommes se préparent à l'attaque. Ils examinent avec attention les mouvements qui s'exécutent à l'Amirauté et attendent, prêts à bondir à tout instant.

— Hurrah ! éclate un cri de tonnerre à l'angle de la rue des Millions.

— Trop tôt ! crie presque Udaroff, mais il s'élance tout de même hors de son coin avec Schura, les autres le suivent, et tous se ruent vers le château. Une pluie de balles s'abat sur eux.

L'un butte, l'autre gémit de douleur. En voici un autre qui s'écroule...

— Les gars, il ne faut pas faiblir, à aucun prix. En avant ! leur crie Udaroff, puis : Arrêtez-vous !

— Nous tenons ! En avant ! répond-on de tous côtés.

Ils s'arrêtent une minute. Les balles passent au-dessus de leurs têtes. Devenus plus hardis, ils repartent au pas de course. Ils ont déjà presque rejoint les autres. De la perspective Newsky, du jardin Alexandre, de l'Amirauté, les mitrailleuses claquent. Cela leur redonne du cœur et fait baisser le feu des adversaires.

Un hurrah ! retentit encore de tous côtés.

Ils sont déjà tout près de la barricade, quand le feu bien ajusté des gardes blancs fauche presque toute la première ligne. Involontairement, tous ont un mouvement de recul.

— Couchez-vous ! Ne reculez pas, ce serait pire !

— Couchez-vous !

Le feu des mitrailleuses fauche les assaillants qui ne peuvent tirer nulle part, puisqu'ils ont devant eux la barricade de bois. Udaroff voit clairement le danger. Une peur panique pourrait amener la retraite.

— Ne bougez pas ! Restez couchés ! crie-t-il.

Le feu des Junkers s'arrête un instant. Puis il tombe une nouvelle pluie de balles. L'ordre se remet peu à peu dans les rangs.

— Hurrah ! crie-t-on à nouveau à l'autre coin de la place.

Le hurrah ! éclate maintenant tout près.

Et soudain, voici que Schura se dresse d'un seul coup de toute sa hauteur et crie de toutes ses forces :

— A moi ! A moi !

— Hurrah ! crie-t-on partout.

Udaroff se précipite à la suite de Schura. Mais, au même instant, celui-ci pousse un grand cri, butte en avant comme s'il allait tomber, lance un juron, sort son revolver, tire, se précipite en avant et crie encore une fois :

— A moi ! A moi .

— Tous bondissent en avant. Réunissant toutes leurs forces, ils se précipitent à l'assaut de la barricade, l'arrachent et commencent à tirer dans la porte. Là-bas, on entend des gémissements. Ils se couchent encore une fois et tirent.

Udaroff se rend compte que les révolutionnaires ont reçu des renforts aux deux ailes. Maintenant, voici qu'arrivent encore les matelots.

Quelqu'un crie :

— Ils ont hissé le drapeau blanc !

— Bon Dieu, entrons dans le château...

*
* *

Il fait déjà jour quand Udaroff revient à l'état-major. On y a déjà appris la nouvelle de la prise du Palais d'Hiver. Tous sont heureux, et les visages resplendissent de joie.

Udaroff est mortellement fatigué. Ses pieds trempés sont comme paralysés. Il monte l'escalier lentement. Mais, dès qu'il a mis le pied dans la salle et qu'il revoit les gars revenus du combat, il lui semble qu'on lui a enlevé toute sa lassitude. La douleur qu'il ressentait aux pieds s'est dissipée.

— Udaroff ! Udaroff ! Le voilà, le voilà ! Et les gardes viennent au-devant de lui avec de grands cris.

— Comment va Schura ?

— Donne ton fusil, je vais te le nettoyer !

— Dis donc, qu'en penses-tu, crois-tu que les gars de chez Erikson se soient mal battus ?

— Plus tard, les enfants, plus tard. Laissez-moi passer. Schura est parti se faire panser. Il va mieux.

— Hurrah, Udaroff, crient les camarades lorsqu'il ouvre la porte de l'état-major, où étais-tu fourré ?...

Un poêle est allumé dans la pièce, et il y a un samovar sur la table. Les camarades sont assis ou couchés tout autour. Quelques-uns mangent, d'autres fument, racontent, rient. Ivan lui-même s'est déridé.

Le vieux Juroff a l'air de quelqu'un qui vient d'éprouver une forte secousse. Sa figure rayonne de joie. Il ne se tient plus et demande :

— N'est-ce pas que mon Schura est tout de même un garçon épatant.

— Oui, épatant. C'est un vrai pur-sang, un peu chaud, mais un garçon vraiment précieux. Je l'ai conduit moi-même à l'hôpital Pierre et Paul. On a visité sa blessure en ma présence. C'est une bagatelle. Dans quelques jours il pourra retourner au combat.

Juroff verse du thé à Udaroff. Ils vont ensemble jusqu'au sofa et lui font de la place. Puis Juroff reporte son attention sur la dispute entre Utkin et Sokoloff.

— Cesse donc de nous bluffer avec tes histoires d'enthousiasme et de solidarité, s'enflamme Utkin. Ce n'est pourtant pas une démonstration. Nous prenons le pouvoir, nom d'un chien, quand et où est-ce qu'une chose pareille s'est passée sans contrat ?

— Est-ce que je ne te dis pas la même chose ? Mais la bourgeoisie s'est efféminée. Les menchéviks et les social-révolutionnaires sont brisés. Et nous, nous seuls, nous sommes la force...

— Tu exagères toujours, la force ! Tu es en ce moment à Pétrograd, sur le quai de Wyborg. Attends au moins qu'ils se soient battus à Moscou et en Ukraine. Alors, tu pourras dire que les nôtres ont vaincu. Je n'aime pas ta légèreté.

— Ton pessimisme ne vaut pas mieux.

— Vous êtes une sacrée bande.

Ajoutez-donc une sacrée bande de braves gens ! plaisante Jumy.

— Allez au diable ! dit Sokoloff, tout froissé. Avant la prise du Palais d'Hiver, vous disiez aussi que c'était trop dur...

— Oui, oui, remarquent les autres avec ironie.

— Moi, j'aurais dit...

— Ha, ha, ha, le coup a porté, crient les autres, coupant la parole à Sokoloff.

— Il faut que nous allions relever les sentinelles, dit Utkin en se levant. Puis, tout en marchant, il frappe amicalement l'épaule de Sokoloff.

— Il viendra sans doute des temps meilleurs, mais, pour le moment, nous devons toujours compter avec le pire.

A la porte, il rencontre « l'Oncle ». Le jeune orateur et deux autres camarades sont avec lui.

— Ho ! ho ! on pourrait presque tenir une séance du Comité de rayon, Jenny préside, crie en entrant un jeune ouvrier.

— A bas le gouvernement ! A bas ces buveurs de sang ! crie quelqu'un parodiant un des mots d'ordre qu'on entend dans la rue.

— Oh ! toi, donnes-tu déjà dans les courants anarchistes ? répond Jenny en riant.

— Silence. Sérieusement, les enfants, propose Udaroff, racontez-nous la situation à Smolny.

— C'est juste, approuve Juroff, vas-y, « Oncle ».

— Laissez-moi plutôt vous raconter, plastronne un des jeunes ouvriers, l'oncle est toujours trop sec.

— Trève de plaisanteries, dit Jenny, vas-y, oncle !

— Dans l'ensemble, tout va bien. Le gouvernement est arrêté. Kérensky s'est enfui. Que le diable l'emporte ! La ville est entièrement entre nos mains. Nous sommes exprès passés par les rues principales. Partout, nos postes sont installés, on a élevé des barricades, et les feux de postes brûlent...

— Raconte-nous quelque chose sur les affaires « intérieures ».

— Qu'est-ce que vous voulez savoir de plus ? Le Comité révolutionnaire est définitivement constitué, les social-révolutionnaires de gauche y sont entrés aussi, bien que nous n'ayons guère besoin d'eux. Ils parlent tellement, ces drôles-là.

— Et comment se comportent nos « hésitants » ? (31).

— Cela dépend. Mais le plus grand nombre participe à tout. Il y en a sûrement quelques-uns parmi eux, qui attendent les événements.

— Il faudrait leur mettre le feu au derrière.

— Oh ! cela ne dérange guère. Est-ce que les pertes sont élevées ?

— Nous avons eu, bien sûr, des pertes sérieuses. Elles sont malgré tout moins grosses que ce que nous pouvions craindre.

— Cela signifie qu'on s'est battu partout avec courage et succès.

— Pas partout, naturellement. Ainsi, à la station téléphonique, les choses se sont passées de la façon suivante : Nous l'occupons et nous y plaçons nos sentinelles. Les Junkers s'arment comme s'ils venaient pour faire la relève. Les nôtres, sans regarder plus loin que le bout de leur nez, leur remettent purement et simplement le poste, et rentrent chez eux. Les Junkers ont aussitôt coupé les communications avec Smolny et avec les rayons. Ensuite, ils demandèrent des renforts et se barricadèrent... Un vrai scandale. Lachevitch arrive là-bas avec ses gars. Il faisait noir et il était bien difficile de reconnaître les gens. Il laisse sa troupe à la porte, et dépassant rapidement les sentinelles, il entre directement dans la cour. Il entend claquer les chiens de fusil, mais ne perd pas son sang-froid et commande à voix haute : « L'arme au pied ! ». A cet instant, tous les hommes se précipitent dans la cour et s'emparent des Junkers sans même tirer un coup de fusil.

— Formidable !

— Le bombardement du Palais d'Hiver a eu, lui aussi, des côtés curieux. On avait envoyé quelques gens à la forteresse Pierre et Paul. Là-bas, ils disent à la garnison : tirez donc un ou deux obus. Savez-vous ce qu'ont répondu les autres ? Leurs canons ne pouvaient servir qu'à adresser des saluts. Heureusement que *l'Aurora* (32) est arrivée par là.

— Qu'est-ce qu'on sait de Moscou ?

— Il paraît que ça ne va pas trop bien. On a laissé passer le moment, et, à présent, c'est plus difficile.

— As-tu vu Lénine ?

— Naturellement. Il a l'air comique. Il est complètement rasé.

— Et le Congrès (33), est-il ouvert ?

— Oui, il est ouvert, Victor va vous raconter cela.

— Alors, raconte ! crièrent quelques autres au jeune ouvrier.

— Ne l'avais-je pas dit, que cela ne pouvait pas marcher sans moi ?

— Ne fais pas ton important. Raconte plutôt.

On entend une auto sous la fenêtre. Utkin va à la fenêtre pour voir ce que c'est. Mais, déjà, un membre du Comité de Pétrograd entre dans la pièce. Il porte un paquet de journaux sous le bras, et derrière lui, on monte deux paquets de tracts, plus gros encore.

— Bonjour. Voilà pour vous. Distribuez cela dans les usines.

— Bon, et qu'est-ce qu'il y a encore ? demande Jenny.

— Pour demain, malgré qu'en définitive ce soit déjà aujourd'hui, on ne travaillera pas et on organisera des réunions.

Il repart aussi vite qu'il était entré.

— Alors, Victor, commence. Nous aurons besoin ensuite de nous reposer un peu.

— Alors, je vais me résumer. Nous avons vu là des choses que nous n'oublierons de notre vie. Nos enfants en parleront encore, de ce congrès.

Victor prononça ces quelques mots insignifiants avec tant d'importance qu'il capta tout de suite l'attention de tous.

— Je suis arrivé à la séance peu avant l'ouverture, et je trouvai encore place auprès des colonnes. Il y avait, au bureau, Beretelli, Dan, Awkenstieff, Bogdanoff, Abramovitch (34) et encore beaucoup d'autres social-révolutionnaires et menchéviks. Ils avaient tous des airs de chiens battus. Dans la salle, cela bourdonnait comme dans une ruche qu'on aurait fouillée avec un bâton.

« Dan ouvre la séance. Il commence à marmonner :

« — Le Congrès s'est réuni dans des circonstances difficiles et se voit obligé de commencer son travail dans des conditions tout à fait anormales !

« On se demande, malgré soi, ce qu'il avait fait de son arrogance habituelle.

« On élit le Bureau, presque tous uniquement des nôtres. Kameneff (35) prend la présidence, les social-révolutionnaires et les menchéviks abandonnent la tribune, tout sombres. Les applaudissements crépitent si fort qu'on a l'impression qu'à chaque minute, les murs et les colonnes vont s'écrouler.

« Martoff demande la parole pour une déclaration. Avec sa voix tremblante et pointue, il parle des hommes qui se poursuivent et propose au Congrès, avant que de commencer ses travaux, d'intervenir dans les événements pour éviter qu'on ne continue à verser le sang et pour liquider la crise par des voies pacifiques. Lounatcharsky prend la parole au nom de la fraction des bolchéviks. Il déclare que les bolchéviks n'élèvent aucune objection contre la proposition de Martoff et qu'ils sont d'accord pour former une Commission pour rechercher qui a tort et qui a raison. Dans le Congrès, la tension est au plus haut point. Tous sentent que nos adversaires cherchent un prétexte quelconque pour se disputer avec nous, et qu'ils ne peuvent trouver aucun terrain d'attaque. Quelqu'un crie : « Au fait ! Au fait ! Ne perdons pas notre temps inutilement ».

« Mais le président continue à donner la parole tantôt à l'un, tantôt à l'autre, pour toutes sortes de déclarations. Nous attendons patiemment, nous nous tenons tranquilles, mais, à la fin, nous finissons par perdre patience

« Kutschin, du Comité du front, parle des usurpateurs — les bolchéviks — et de la défense nationale.

« — A bas ! hurle le Congrès, qui l'a donc délégué ? A bas ! A bas !...

« Un soldat du front, les cheveux gris, en uniforme déchiré, saute à la tribune, et sans même demander la parole, se met à crier :

« — Les rouges l'ont belle à faire des discours ! Qu'ils aillent donc faire un tour dans les tranchées...

« — Très bien ! Très bien ! approuve l'assemblée.

« Je crois bien que je m'étends trop, s'interrompit Victor.

— Non, non, continue.

— Donc, nous avons fini par perdre patience. Là-dessus, voilà Awkenstieff qui commence encore un discours. Les délégués sautent de leurs places et commencent à se montrer les poings. On en arrive aux menaces directes. Kameneff, sonne, crie, s'égosille, rien n'y fait. Dès que l'on parle contre les bolchéviks, la salle se met à hurler; si l'on parle pour eux, les applaudissements éclatent en tempête.

« Pour terminer, voici le social-révolutionnaire Hendelmann (37) qui se met à crier comme un hystérique :

« — Là-bas, on bombarde le Palais d'Hiver. Ce sont les meilleurs d'entre les gens du peuple qui tombent.

« Là-bas, il y a Brechko-Brechkovskaïa. Que ceux qui sont dévoués à la révolution me suivent. Nous allons faire de nos poitrines un rempart à nos amis.

« Vingt ou trente hommes se lèvent et quittent la salle, poursuivis par les coups de fouet que leur lance Trotzki dans son discours :

« — La Révolution n'a pas besoin de vos légitimations. Allez ! Le prolétariat en révolte va vous anéantir, pauvres petits hommes ! Il vous écrasera dans sa marche de fer. Il vous précipitera dans les ténèbres de l'histoire...

« Après lui parle un représentant de la fraction bolchévique au Conseil municipal :

« — Camarades, nous sommes venus aujourd'hui, pour vaincre ou mourir avec vous...

« Le Congrès se lève comme un seul homme, et des rires ironiques fouaillent ceux qui quittent la salle.

« On applaudit le dernier orateur. On crie : « Hurrah ! Vive le pouvoir des Soviets ! ». Les casquettes volent en l'air. Il y avait auprès de moi une intellectuelle qui bégayait, blanche de peur :

« — Qu'est-ce que cela, qu'est-ce que cela signifie ?

« C'est ainsi qu'on a ouvert la séance, dit en manière de conclusion le jeune ouvrier.

— Oui, ajouta Juroff, tout pensif.

— Le début est bon, petits frères, dit Udaroff, encore un coup, et nous tenons la victoire.

*
* *

On se tut. Chacun, réfléchissant, faisait le bilan de ce premier jour de révolution. Tous revivaient encore une fois le passé, et tous leurs cœurs battaient à l'unisson comme un seul cœur. Bien que le matin arrivât, personne ne sentait plus la fatigue. Toutes leurs pensées et tous leurs sentiments s'éveillaient ce jour-là pour une vie nouvelle. Ils travaillaient sans sommeil, sans nourriture, sans notion ni du jour, ni de l'heure.

Jenny fixe à quel endroit chacun devra aller parler dans trois heures d'ici. Juroff discute avec Ivan, pour combien de gens il faudra préparer à déjeuner. Udaroff et Utkin partagent les postes de la milice et de la garde rouge. Dans la pièce d'à-côté, on entend des pas et des crosses qui frappent le sol. C'est la relève de la garde.

*
* *

Combien y a-t-il ce matin-là de nouveaux êtres, et combien arriveront jusqu'au lendemain ?

Victoire

— Mon chéri ! dit Maria en se précipitant au-devant d'Udaroff.

— Papa, papa, je suis allé me promener aujourd'hui, dit le petit Serge en s'accrochant à la veste de son père.

— Je savais que tu étais au Palais d'Hiver. Je le savais, dit Maria.

— Aujourd'hui, nous avons joué à la garde rouge, dit à son tour le petit.

La femme et le petit font fête à Udaroff. Leur bonjour est long et chaud. Il en est joyeusement ému.

— Eh bien ! et comment vas-tu, toi, petite mère ? Avez-vous à manger ?

— A présent, on peut à peu près trouver de tout.

— Alors, les Soviets valent mieux que le tsar ?

— Je ne puis pas te dire, Alexis. Si je travaillais encore à l'usine, je pourrais mieux m'y retrouver.

— Cela s'améliorera encore. Tu veux donc retourner à l'usine ?

— Mais naturellement. A une époque comme celle-ci.

— Quelle époque ! dit Udaroff en riant.

— Oui, puisque c'est un homme comme toi qui est le chef, les ouvriers auront sûrement meilleure vie, et il n'y aura plus d'injustice.

— Alors, je suis le chef, et tu me demandes du travail, plaisante Udaroff.

Maria regarde au loin, le menton dans sa main, perdue dans ses pensées, et répond à voix basse, comme pour elle-même :

— Nous n'avons besoin de rien. Nous continuerons à vivre comme nous avons toujours vécu. Pourvu que nous ayons de quoi acheter du pain et faire instruire notre petit Serge.

*
* *

Udaroff se leva comme autrefois à sept heures du matin. C'était pour lui une habitude. Il partait de la maison à la même heure qu'autrefois, quand il allait à l'usine. Les tramways ne circulaient pas. Il s'en alla à pied.

Aujourd'hui, la rue vivait pour de bon. On avait l'impression d'être en fête. Les petits postes veillaient encore. Les feux de bivouac fumaient. On rencontrait beaucoup d'hommes en armes. Pourtant, la rue avait changé d'allure. On n'y sentait plus la joie du combat, mais l'activité d'un jour de fête. Le temps était beau et clair. Il s'était mis un peu au froid.

Personne ne pouvait rester chez soi. Les rues étaient balayées d'un courant ininterrompu de passants parlant haut, échangeant leurs impressions. Beaucoup paradaient en racontant leurs hauts faits. Dans le centre, près des usines se formaient des rassemblements qui grossissaient sans cesse. L'aspect de la ville changeait de plus en plus. On ne voyait plus de police. On se sentait plus libre. Des drapeaux rouges flottaient à l'entrée des usines. On avait été en percher un jusqu'au sommet de la grande cheminée d'une fabrique textile.

La ville était devenue tout autre.

— Où sont les petits bourgeois, où est la bourgeoisie, pensait Udaroff. Ils se sont terrés. Ils ont la frousse. Ils ont peur, sans doute, de se faire tuer. Ils nous jugent d'après eux. Quels crimes n'avait pas commis Davidoff. On a décidé pourtant bien de le remettre en liberté...

*
* *

Udaroff va à l'usine. Les ouvriers sont tous là. Les ateliers où doit avoir lieu la réunion, sont animés et pleins de bruit.

Grigorieff vient le trouver et lui dit :

— Regarde, frère, comme ils sont tous heureux que nous ayions renversé le gouvernement. Et comme le journal a bien écrit là-dessus. Le gouvernement provisoire (39) est déclaré déchu. Tout le pouvoir passe aux mains des Conseils d'ouvriers, de paysans et de soldats. Fameux !

— Oui, et les rues elles-mêmes en ont pris un tout autre aspect.

— Oh ! ici, il n'y a encore rien de particulier, mais, par chez nous, la ville est méconnaissable. On ne voit plus de messieurs, et si, par hasard, il y en a un qui se risque dehors çà et là, cet espèce de chien court comme s'il avait tous les diables à ses trousses, et regarde continuellement, plein d'angoisse, de tous les côtés.

— Est-ce que les employés ont abandonné leur service ?

— Ils y vont encore, mais ils se font tout petits. J'ai fait à l'un d'eux une peur bleue. Imagine-toi qu'il restait immobile, à se signer auprès d'une chapelle qui est derrière l'Académie militaire. Je lui crie : « Maintenant, il est défendu de prier ». Il a pris aussitôt la fuite à toutes jambes... Ha, ha, ha !

6

— Oui, mais écoute, il ne faut pas faire cela.

— Bah ! ce n'était qu'une plaisanterie.

— Mais, comment es-tu allé passer par là ? Tu demeures bien auprès de la gare Nicolas ?

Grigorieff resta interdit :

— Je suis allé voir Smolny. Je n'y tenais plus. C'est bien là-bas que siège notre gouvernement ?

— Et on t'a laissé entrer, demanda Udaroff en riant.

— Je suis resté dehors. Que veux-tu que j'aille faire là-dedans.

— Et puis ?

— C'est intéressant, répondit vivement Grigorieff. On a installé des sentinelles tout autour. Il y a trois lignes de postes, et, derrière, encore une auto blindée. Il y a deux canons devant la porte, une foule de gens circulent, tous affairés. On apporte en auto de gros ballots de journaux et de tracts. C'est un bâtiment gigantesque, et tout plein de gens.

Grigorieff se tait, réfléchit un instant et ajoute ensuite :

— Je voudrais bien être à Smolny, peut-être pour monter la garde...

*
* *

Il est déjà tard dans la soirée, mais, au Comité Révolutionnaire et à l'état-major, on est toujours en plein travail. Dans la salle, il n'y a pas beaucoup moins de monde que les jours précédents. On amène beaucoup de gens arrêtés. Quelqu'un fait entrer un prêtre.

— Enfin, pourquoi l'as-tu arrêté ? questionne Utkin.

— Mais, c'est un pope, répond le garde rouge tout triste.

— Bon, et qu'est-ce qu'il a fait ?

Le pope reste là, mortellement effrayé, et le garde rouge se tait, sans comprendre.

— Vous êtes libre, dit Utkin en se tournant vers le pope, vous pouvez vous en aller.

Puis il commença à expliquer à l'ouvrier qu'on ne pouvait pas arrêter un pope uniquement parce que c'était un pope.

Un homme fait irruption au Comité révolutionnaire. Ce doit être un pâtissier, d'après son apparence. Il porte un costume simple, il a un gros ventre et une barbe.

— Je ne suis pas un bourgeois quelconque, se plaint-il. J'ai toujours été avec le peuple. On m'a tout pris, jusqu'à ma chemise.

— Qu'est-ce qu'on vous a pris ? demande Juroff.

— Cinq boisseaux de farine blanche, deux boisseaux de sucre, du gruau...

— Attendez. Aviez-vous une boutique ou faisiez-vous seulement du commerce comme cela ?

— Bah ! on ne peut pas appeler ça un commerce. Je n'ai que deux compagnons et trois apprentis...

— Alors, d'après vous, vous appelez ça peu. Ne travaillez plus avec d'autre main-d'œuvre. Travaillez vous-même, personne ne vous dira rien.

Des ouvriers et tous de pauvres diables viennent trouver Udaroff avec leurs plaintes.

Un ouvrier vient dire qu'il connaît un magasin où l'on cache de la farine.

— Prenez-la, mes enfants, mais apportez-la à la coopérative.

— Bon.

— On vole chez nous, venait dire à son tour un vieillard. On nous a déjà volé tout notre bois. Si l'on en dit un seul mot, on vous menace de vous expulser.

— Reviens dire cela demain au Comité. Ne crains rien. Maintenant, pour une chose comme cela, on ne sera plus expulsé. On recevra des félicitations.

— C'est un vrai bouge chez elle. Chaque nuit on y accueille des filles publiques et je ne sais quelle compagnie. Le portier couvre tout cela, venait dire une ouvrière toute tremblante.

— Sois tranquille, à présent, il ne le couvrira plus, où est-ce ?

*
* *

Il est déjà tard dans la nuit. On vient d'ouvrir la séance du Comité Révolutionnaire.

— Il nous faut régler notre travail, dit Juroff, le répartir en diverses Commissions. Il nous faut aussi trouver d'autres locaux.

Ivan fait diverses propositions. C'est ainsi qu'il propose d'aller, avec quelques camarades, à la mairie. Il propose encore que les membres du Comité Révolutionnaire se répartissent en Commissions, occupent les bâtiments des différents services et se mettent tout simplement au travail. Juroff présidera et conduira la barque. On commence aussitôt à discuter sur les frontières du domaine de chacun. Quelques-uns ont des interventions pleines de naïveté.

— Si vous me donnez l'hôpital, la Croix-Rouge m'appartient aussi, dit l'un, plein de zèle.

— L'hôpital est une chose, et la Croix-Rouge en est une autre, lui répond Udaroff. Si nous avons encore à nous battre, les hôpitaux resteront ici, et la Croix-Rouge ira à la bataille.

— Ainsi, discute Sokoloff, mes postes vont opérer des arrestations, et Utkin décidera du sort des gens arrêtés...

— Il faut aussi que ce soit comme cela, répond Utkin, il faut étudier le cas de chacun et décider ensuite ce qu'on doit faire. Tu ne peux pourtant pas faire tout cela.

On décide que le Comité révolutionnaire doit occuper un nouvel immeuble. On examine ensuite quelles seront les Commissions qui auront à occuper pour elles un immeuble particulier. On élit le Bureau.

Après la séance, Juroff vient trouver Udaroff et lui dit tout pensif :

— Eh bien ! cette fois nous avons le pouvoir, et ça ne paraît pas si difficile que ça.

*
* *

Les deux journées suivantes, passent en un travail ininterrompu. Du matin au soir, ce sont des allées et venues continuelles. Les premiers décrets du gouvernement paraissent, excitant la rage folle, bestiale de la grande et de la petite bourgeoisie.

Utkin est hors de lui.

— Qu'est-ce qu'ils attendent, là-bas, à Smolny ? Lis ce qu'écrivent ces chiens de bourgeois : « Le gouvernement provisoire a pris une attitude héroïque, en déclarant qu'il ne remettrait pas le pouvoir aux usurpateurs. »

— On se bat à Moscou, nous ne savons rien de ce qui se passe sur le front, et ici, on tolère la contre-révolution.

— Convoquons le Comité de rayon !

— Bon ! J'appelle Jenny tout de suite.

Il y a encore des gens, encore la presse. Il est impossible

de quitter le Comité révolutionnaire. C'est à peine si l'on peut échanger quelques nouvelles avec les nouveaux arrivants.

Udaroff travaille en silence. Chaque question en soulève des douzaines d'autres. Tout de même, il arrive peu à peu à lier toutes les questions. Il commence à dominer son travail, à savoir distinguer les différents détails et sent de plus en plus clairement qu'il tient un peu mieux et un peu plus profondément chaque jour la chose qu'on lui a confiée.

*
* *

Le Comité de rayon ne peut se réunir que tard. On décide de commencer comme toujours par les informations.

Jenny prend la parole :

— A Moscou, la lutte est arrivée à son comble. Les rayons sont presque tous entre nos mains. Mais les Junkers se sont fortifiés dans le Kremlin, mais les nôtres se sont laissés surprendre à une des portes. Les Junkers sont rentrés, ont tué la plupart de nos camarades et se sont barricadés à nouveau dans la forteresse. En ce qui concerne le front, les seules nouvelles que nous ayions viennent de l'Armée du Nord. Là-bas, ils se sont soulevés, et un Comité révolutionnaire a été formé.

— Comment cela marche-t-il dans la ville ?

— Tout est tranquille. Les cheminots font des bêtises et refusent de transporter un détachement de matelots à Moscou. Dans les ministères, les employés ne veulent pas reconnaître nos « ministres » ; le sabotage commence.

La sonnerie du téléphone retentit. Utkin décroche le récepteur.

— Le Comité de rayon est là, au complet. Quand viendras-tu ?... Bon, je vais les prévenir...

« C'est Victor qui appelait, annonce Utkin à l'Assemblée, il dit qu'il s'agit d'un événement tout à fait urgent et qu'il prie les camarades de rester ici.

La chose doit être urgente en effet. Victor arrive en auto, la mine plus sérieuse que jamais.

— J'ai deux nouvelles à vous apprendre. D'abord, dans la ville a éclaté un soulèvement des Junkers. Ils ont leurs principaux points d'appui au château des Ingénieurs et à l'école Vladimir. Ils arrêtent nos camarades et les emmènent là-bas. Ensuite, Kérenski ramène des soldats du front sur Pétrograd. Nous ne savons pas encore sur quelles forces il peut compter. Mais ils ont déjà occupé Gatchina (40).

Tous ouvrent de grands yeux.

— Allons, bon ! siffle Utkin entre ses dents.

— J'avais affaire à la salle 47, dit Victor, continuant son récit, quand Lénine entre brusquement dans la pièce en demandant : « Y a-t-il ici un membre du Comité de Pétrograd ? »

— J'en suis, Vladimir Illiïtch, répondis-je.

— Pouvez-vous convoquer une séance tout de suite, si réduite soit-elle ? Mais, faites vite, je vous attends, me cria encore Lénine tandis que je partais.

En quelques minutes, j'eus rassemblé cinq membres du Comité Exécutif. Lénine venait déjà au-devant de nous dans le corridor. On sentait qu'il n'avait pas eu la patience d'attendre dans la salle. Il nous poussa dans la première salle à peu près potable. Nous étions à peine entrés, que sérieux, sans s'asseoir, il nous dit : « Kérenski attaque Pétrograd. Nous devons tout de suite en organiser la défense. Il faut creuser tout de suite des tranchées autour de la ville, et l'entourer d'un réseau de fils de fer barbelés. Il faut, dans cette nuit, arriver à prendre tous les dépôts de pics, de pelles, de pioches, tout le fil de fer barbelé qui est dans les usines et l'amener à pied-d'œuvre. »

« Nous écoutions en silence. Soudain, Stutski dit : « Aujourd'hui il est bien tard, on pourra faire tout cela demain matin... ». Lénine se retourna vivement, le regarda, et l'interrompit d'un ton sévère : « Il vous faut aller dormir, dormir. Vous, camarades, vous devez lui coller une paire de gardes rouges et l'obliger à dormir tout son saoul. Un homme ne peut pas travailler dans un état pareil. »

« Il y eut un silence pénible. Slutzki se tut. Puis, des discussions s'engagèrent sur la meilleure façon de réaliser les propositions de Lénine. Enfin, on se mit d'accord pour que chacun parte aussitôt dans les rayons, afin d'y organiser le travail.

— Ainsi, Illiïtch était fort en colère ? demande Jenny.

— Non, avant que de partir, il s'est approché de Slutski et lui a dit, sur un ton tout à fait chaud : « Je n'ai pas voulu vous vexer. Mais vous allez vous effondrer. Dormez bien pendant trois ou quatre heures. Vous vous rendrez service à vous-mêmes et à la cause. Cela ne peut marcher ainsi » De fait, Slutski n'avait pas dormi de deux nuits.

— Bon, bon, tu nous raconteras cela plus tard. Maintenant, au fait. Je propose les mesures suivantes : Toi, Udaroff, tu vas aller à ton usine et chez Erikson. Nous allons rassembler tout de suite quelques centaines de gars... Victor, où faut-il creuser les tranchées ?

— Derrière les Usines Poutiloff et aux environs des usines Obuckoff.

— Bon. Amène tout le monde là-bas. Toi, Ivan, prends tes gars et ouvre toutes les quincailleries. Utkin alertera la garde rouge, prête au combat, Jenny et moi nous allons organiser les liaisons indispensables et nous informer d'où il faut envoyer nos gars.

— Il faut aussi préparer des chevaux et des voitures, ajoute Udaroff.

— Oui, naturellement, on va réquisitionner les chevaux et les camions. Nous allons nous occuper de cela.

— Bon ! Alors, partons, dit Ivan, avec un grand coup de poing sur la table. Nous allons encore les jouer, ajouta-t-il, en colère.

— Bon courage, les gars, crie Victor. Je vais à l'île Vassilieff. Il y a là-bas du fil de fer barbelé.

*
* *

La nuit est noire. Il pleut sans cesse. On ne voit presque personne. Les sentinelles marchent de long en large. Les lanternes brûlent, toutes fumeuses. La rue est triste, humide et froide.

Udaroff, tout absorbé à cette pensée de la défense, marche vite à travers les flaques. Le froid et l'humidité de la rue le font trembler de temps et temps. La contre-révolution fait bouillir son cœur de rage. Il ne marche plus, il court. Il faut rassembler les gens, pour les envoyer aussi vite que possible contre l'ennemi.

*
* *

A l'usine Erikson, il ne trouve qu'environ 80 hommes, dont la moitié montent la garde. Que faire ? Udaroff commence à s'irriter.

— C'est peu, dit-il. Nous avons absolument besoin de beaucoup plus de monde, et tout de suite.

— Nous allons courir dans les usines voisines, nous en réunirons bien encore quelques dizaines.

— Bon, mais faites vite, les enfants.

A l'usine N. ils ne trouvent qu'une centaine d'hommes, et on en envoie encore voir dans les usines voisines.

— Allons, compte Udaroff, nous en aurons encore à peu près deux cents. Il s'agit maintenant de ne pas perdre trop de temps. Il est déjà plus de deux heures. Je vais aller moi-même chez Renault.

Dehors, le matin commence à blanchir. La pluie s'est arrêtée. Le ciel s'éclaircit. Udaroff en rit presque :

— Cela va bien. Ce sera bien plus facile pour construire les tranchées.

*
* *

A l'Etat-major, le travail marche à plein. Schura est revenu et Udaroff s'en réjouit beaucoup. La salle est encore archi-pleine de gens. Utkin, pâli par les nuits blanches, va d'une pièce à l'autre.

— Comment cela marche-t-il ? lui demande Udaroff.

— On a sonné de Smolny : Il faut à tout prix que nous ayions liquidé les Junkers avant midi.

— Ce sera chaud.

— Est-ce que je puis t'aider ?

— Non, vois plutôt comment cela marche avec les tranchées. Le vieux est complètement épuisé. Iwan n'est pas là. J'ai grand peur qu'ils ne puissent en venir à bout.

Utkin a raison. On a envoyé du monde pour creuser les tranchées, avec à peu près autant de pelles et de pioches, et justement voici qu'arrivent environ cinq cents hommes, qui jurent et mènent grand bruit.

— Pourquoi nous retenez-vous ici ?

— Qui donc vous a envoyé ici ? leur demande Udaroff. Maintenant il n'y a plus besoin de vous.

— On nous a envoyés des usines.

Udaroff devine que tout cela arrive par sa faute, car, dans toutes les usines, depuis Erikson jusque chez Renault, il a juré de ne trouver que si peu de monde.

— Bon, les enfants, on n'a plus besoin de vous pour creuser les tranchées, mais ceux qui veulent marcher contre Kérenski n'ont qu'à rester là.

— On nous a fait venir pour travailler et pas pour nous battre, disent quelques voix.

— J'ai dit : ceux qui veulent...

— Eh bien, allons-y ! cria un ouvrier à cheveux gris. Où allons-nous prendre des armes ?

— Tout de suite. Tout de suite. Utkin ! où faut-il envoyer ces gens-là ? demande Udaroff tout joyeux.

— Quels gens ? Utkin, sur le moment, ne comprend pas.

— Tous ceux-là !

— Parfait, camarades. Ça, c'est bien. Choisissez vos chefs et en avant pour Smolny.

— En avant ! En avant !

— Maintenant, nous avons franchi le cap, dit-il en se tournant vers Udaroff. Comment as-tu fait pour les gagner ?

— Mais, je n'ai pas eu à les gagner. Ils sont bien venus d'eux-mêmes.

— Bien. Téléphone-donc tout de suite à Smolny qu'on les habille et qu'on les arme aussi vite que possible.

Jenny entre :

— Où pourrais-je trouver Victor. Il faudrait qu'il aille tout de suite aux usines « Métal ». Le social-révolutionnaire Schilin est en train de parler là-bas, et nos gars ne viennent pas à bout de lui.

— Il est vraisemblablement à Smolny.

— Non, j'ai déjà appelé. Je l'ai cherché tout le matin, et maintenant, la réunion est commencée.

— As-tu téléphoné à l'usine ? demande Schura.

— Oh ! je n'y avais même pas pensé. Je le fais tout de suite.

Malgré tous ses efforts, Jenny ne peut trouver Victor. La réunion pourtant est véritablement importante. Les social-révolutionnaires ont toujours eu de l'influence aux usines Métal, et ces usines se signalent par leur état politique en général fort arriéré.

Ivan arrive avec des nouvelles. Il est allé derrière les usines Poutiloff. Les tranchées sont terminées. Les premiers détachements d'ouvriers étaient sur place et commençaient à travailler avant le jour.

— Ils ne pouvaient pas travailler comme cela pour le tsar.

— Et Kérenski ?

— Je crois qu'il a occupé Tsarskoïe-Selo et qu'il s'approche de Pulkowo.

— Est-ce que les nôtres donnent ?

— Non, non, ils ne donnent pas. Une grande masse de troupe marche contre lui, exactement comme dans la vraie guerre. De plus, des navires sont embossés dans le canal, et leurs canons portent jusqu'à Pulkowo.

— Le palais des Ingénieurs est pris !... crie Schura.

— D'où sais-tu cela ? lui demande Utkin.

— Mon père est en train de parler de cela dans la salle avec les gars.

— Qu'il vienne donc ici !... Ah, tiens, le voilà !... Alors ?

— Le palais des Ingénieurs est pris. Cela ne va pas tout à fait aussi bien à l'école Vladimir, mais nous y entout à fait aussi bien à l'école Wladimir, mais nous y envoyons toutes nos forces.

— On avance, dit Utkin. Toi, vieux, reste ici, et pendant ce temps-là, je vais courir jusqu'à Smolny.

**
* *

Quelqu'un a annoncé à Victor qu'il devait aller à l'usine Métal, et, maintenant, il s'y est rendu. La réunion a lieu dans la cour. Il y a bien au moins six mille personnes. Victor se sent un peu ému en montant à la tribune : Est-ce qu'ils vont au moins tous m'écouter ? » pense-t-il.

Mais tous le regardent et l'écoutent avec attention. L'orateur le sent, et sa voix devient forte et persuasive.

— Dans votre usine, il y a encore des gens qui regardent les événements actuels en ennemis. C'est eux que j'interroge, et je leur demande de me répondre devant toute l'assemblée. Quels intérêts défendent les social-révolutionnaires et les menchévistes ? Les ouvriers se battent tous comme un seul homme pour les Soviets. La contre-révolution est tout entière dressée contre les Soviets. En cet instant, on se bat à Tsarskoïe-Selo et à l'école Vladimir; c'est la lutte à mort, sans merci. Il y a, d'un côté, les Junkers, les officiers, les généraux, de l'autre, les ouvriers. Qui les social-révolutionnaires soutiennent-ils ? Qu'ils ne soient pas pris de court pour me répondre et qu'ils viennent ici montrer leur couleur, franchement, comme nous l'avons fait. Mais nous, nous vous disons : « Camarades, soutenez les ouvriers, abattez la contre-révolution ».

Une tempête d'applaudissements éclate, se prolonge longtemps. Victor reprend avec encore plus de fougue :

— Nous avons appelé les travailleurs à la révolte. Nous les conduisons maintenant à la victoire ou à la mort. Dites, lequel de vous aura le courage de nous blâmer, lequel de vous restera là sans prendre part à la lutte?

Les applaudissements reprennent, frénétiques.

Et Victor conclut :

— Tous au combat ! A bas le marais des S. R. ! Mort à la bourgeoisie !

Il reste debout à la tribune, il sent et vit la tension où sont les ouvriers et il ne veut pas partir.

Un ouvrier prend la parole. Il monte à la tribune avec son fusil, se le met au côté et parle vite, d'une voix saccadée.

— Dans une heure, nous marcherons sur Gatschina. Nous ne reviendrons pas sans la victoire !

Puis vient une ouvrière :

— Nous partons avec vous, pour soigner les blessés.

Quand Victor arrive au Comité Révolutionnaire, Jenny bondit au-devant de lui :

— Où étais-tu ?

— Aux usines Métal !

— Et puis ?

— Eh bien, cela marche là-bas comme-ci, comme çà. Et il se met à raconter son histoire.

*
* *

— Nous avons pris l'école Vladimir, dit Sokoloff en se précipitant dans la salle. Ça a été dur, bon Dieu ! On ne pouvait s'approcher d'aucun côté. Les rues sont étroites. Nous avons dû tirer avec des canons Dreigoll. A présent, les enfants, à présent je pars au front !

— Peut-être dois-je y aller aussi ? propose Udaroff.

— Oh ! non. Je ne marche pas, proteste Ivan. Qui est-ce qui restera ici ? Ici, c'est tout aussi important.

— Parfaitement, ajoute Jenny. On demandera certainement encore des forces aux rayons. Je te conseille, à toi et à Ivan, de dormir un peu jusqu'à ce soir et, cette nuit, d'être sur tes jambes.

*
* *

Cela devient déjà une habitude. Le soir, tard, les militants responsables du Parti se rassemblent au Comité révolutionnaire et échangent des rapports sur le travail. Aujourd'hui, ils se sont réunis, en dehors de cela, parce qu'à chaque minute, le front peut avoir besoin d'aide et de renfort.

— Utkin a pris un jeune garçon, qu'on avait arrêté comme pickpoket, pour faire ses courses. Le gars va chercher de l'eau pour faire le thé, du pain, nettoie la salle de l'état-major, porte des lettres, et il fait tout cela très bien, avec conscience.

— Nous arriverons à en faire un homme, dit Utkin en guise de louange.

Jenny arrive avec des nouvelles sur les affaires intérieures du Parti. Tous écoutent, l'oreille tendue, car c'est une question brûlante.

— Le Comité de Pétrograd a convoqué aujourd'hui une réunion de militants. On s'y est occupé des divergences actuelles et du fait qu'un certain nombre de camarades se sont retirés du travail du Parti. Tous étaient extrêmement nerveux. L'excitation était bien plus grande que d'habitude.

— Je veux le croire, remarque quelqu'un.

— La plupart des camarades posaient la question sous la forme d'ultimatum. Ces « hésitants » devaient reprendre leur démission, ou bien être chassés du parti. Un membre du Comité de Pétrograd qui arrivait de Moscou disait même : « Peut-on poser la question ainsi au moment où l'on se bat, où il y a des camarades qui meurent ? ». Illiïtch était là aussi. Il était bien déprimé, quoique très nerveux. Il prenait rapidement des notes avec un bout de crayon sur un petit coin de papier, la tête enfoncée dans les épaules. Puis, il prit lui-même la parole. Et il soutint l'ultimatum, plus mordant encore que d'ordinaire.

— C'est un vrai gars, Iliitch, ne put se retenir de dire Utkin.

— Après des débats très longs et très chauds, l'assemblée décida à l'unanimité d'exiger de l'opposition une réponse claire et de mettre fin aux hésitations. Ensuite a eu lieu une séance du Comité Central. C'est dire que la crise est liquidée.

Jenny avait fini. Tous se turent un long moment. Udaroff dit à voix basse, comme s'il se parlait à lui-même :

— C'est une dure histoire... Dans un moment pareil... Une vraie chance qu'il y ait parmi les membres une unité de fer...

— Ça ne fait rien. Laissez faire, les enfants. Cela passera. Vous verrez que tous vont se remettre au travail, dit Utkin. Et tous sont de son avis.

— Comment est-ce que ça marche, à Moscou ? demande Juroff.

— Mal. On est obligé de se battre en vraies batailles rangées. L'artillerie donne en plein. On dit aussi qu'une bombe est tombée sur l'église Saint-Basile (42).

— Peuh ! que le diable emporte l'église ! jure Ivan.

— Ah ! toi, dit en riant Juroff, c'était bien la peine d'aller étudier à Capri (43), et de nous faire des discours sur l'art.

— Aujourd'hui, continue Jenny, on a signé là-bas un armistice. Les choses traînent en longueur.

Toute la conversation roule sur Moscou. Tous expriment leur mécontentement sur la marche des événements.

— Moscou a toujours été mauvais, et le reste, dit Utkin. Ils n'ont pas pu se lancer d'un seul coup dans la bataille, et maintenant, ils le payent.

— On ne peut guère juger de la situation à 600 kilomètres de distance.

— Toi, tu trouves toujours une excuse. Le fonds de l'histoire, c'est que l'organisation, là-bas, est très faible !

Le colloque se poursuit ainsi jusque bien après minuit.

La plupart préfèrent rester là pour dormir.

Udaroff et Utkin se couchent sur un sofa, près du téléphone. Tout devient silencieux. On entend à travers le mur le bruit d'une conversation dans l'autre pièce.

— Demain, dit Udaroff, tu pourras bien rester ici tout seul. J'irai à Smolny voir ce qui se passe.

— Bon, va, mais sur ta route, passe un instant chez Nadescha Konstantinona, demande-lui comment ça marche avec la Croix-Rouge et si elle n'a pas besoin de quelque chose à Smolny.

— Bien.

*
* *

En fait, le lendemain matin, il est impossible à Udaroff de se libérer une seule minute. Du front arrive la nouvelle qu'on manque de chaussures et de vêtements chauds. Il faut tout de suite en réquisitionner n'importe où. C'est un travail absorbant et pénible.

Soudain arrive la nouvelle qu'on a pillé une cave, et que des gens saoûls font du tapage. Il faut y courir tout de suite.

Udaroff trouve sur le lieu du pillage un tableau répugnant. Les pillards, complètement saoûls, se pressent autour d'Udaroff pour lui serrer la main.

— J'étais... moi... aussi... au... Palais d'Hiver, bégaye l'un d'eux, et je mourrai pour la Révolution.

— Cela manque d'ordre, grogne un autre. Le gouvernement ne vaut rien.

Plusieurs d'entre eux, totalement ivres, tombent à terre. Quelques individus, titubants déjà, s'attaquent aux bouteilles qui gisent un peu partout. Deux sont même en train de charger en toute hâte une voiture à bras avec des bouteilles de vin.

— Foutez-moi le camp ! crie Udaroff.

La foule s'écarte une minute. Mais un instant après, elle est encore plus grande. On commence à proférer tout haut des menaces contre Udaroff.

— Cela te fait donc bien de la peine, crient-ils, en rage. Va-t-en tout de suite, sinon on te cassera le nez avec une bouteille.

Udaroff commande de chasser la foule. Au début, elle obéit, mais elle revient tout de suite en avant et commence à repousser les gardes rouges. Voici que l'un d'eux s'attaque lui aussi à une bouteille. Udaroff se sent complètement impuissant.

— Nous allons tirer ! menace-t-il.

— Laissez-le dire ! blague la foule.

— Les enfants, en arrière ! commande Udaroff, ou sinon nous allons faire feu. Toi, Fedor, cours à l'état-major demander du renfort; dis aussi qu'ils nous envoient tout de suite les pompiers. Il faut leur verser un peu d'eau.

Ils tirent une salve en l'air. Tous bougent aussitôt. Une deuxième salve et tous se dispersent en courant et en lançant des malédictions. Les gardes rouges repoussent vite ceux qui restaient là à cuver leur vin et ils entourent l'auberge, l'arme prête à faire feu.

Fédor revient.

— Nous n'avons qu'une chose à faire, répandre le vin par terre. Sinon, nous n'arriverons à rien. Allons-y, les enfants. Et Iwan se met à casser les bouteilles à grands coups de crosse.

Tous suivent son exemple. On ouvre les portes de la cour et on y continue la « bataille ». Le vin se répand à grands flots dans la cave, il faut le faire couler dans le ruisseau.

— Oui, je n'avais jamais pensé que la Révolution nous amènerait à faire pareille besogne, dit Udaroff en s'épongeant le front.

— Oui, j'aurais aussi préféré disposer un peu autrement de ce vin-là, dit Fédor en riant.

— Qu'est-ce que tu fais là toi, bougre d'animal ? hurle soudain Udaroff à un garde rouge.

— Je... Je voulais y goûter...

— Je m'en vais te faire goûter quelque chose ! Arrive un peu ici tout de suite !...

Ils finissent par atteindre le recoin le plus obscur de la cave. Deux hommes y sont couchés. On les emporte au dehors. Ils sont morts.

*
* *

— A l'état-major, on a reçu de mauvaises nouvelles du front. Wera Zlutzkaïa est morte, Tschudnowski est blessé. On se livre de batailles rangées. Utkin paraît tout sombre. Tous sont abattus.

— Pour finir, les voilà qui se mettent à piller par ici, dit Iwan. C'est le moment critique. Toi, Udaroff, va à Smolny et reviens ce soir.

— Bon. Mais contrôle d'abord nos gens pour voir s'ils ont laissé des postes dans les usines. C'est aujourd'hui dimanche et il y a grand danger que tous ne se dispersent.

— Ah. Bon Dieu ! je l'avais complètement oublié... Je vais voir cela tout de suite.

*
* *

Dans la rue, il y a de l'effervescence. La foule circule çà et là. Des bruits étranges, invraisemblables circulent dans l'air. On ne voit plus aucun homme bien habillé. La bourgeoisie a mis son extérieur au niveau de la foule, et rien ne peut plus la distinguer de cette dernière.

— Je passe exprès toute ma journée dans la rue, entend Udaroff au passage. Dehors, j'ai moins peur. Tous mes domestiques ont abandonné la maison. Que quelqu'un entre, on vous tue...

Au coin des rues, ce sont de véritables réunions publiques. Udaroff s'arrête à un coin et écoute. C'est un soldat qui parle :

— Ils sont tous dispersés. Le commandant est en prison...

Les soldats l'accablent de questions.

— Et vous, mon cher, qu'allez-vous faire ? demande une petite dame de mise très simple, mais fortement poudrée et aux lèvres peintes.

— Nous rentrons chez nous...

Une auto passe tout près, faisant voler des tracts. Les gens courent et se bousculent pour les attraper.

— Encore une douzaine de décrets ! siffle un monsieur à lorgnon.

Plus Udaroff s'approche de la perspective Newsky, plus la foule devient dense, et plus il rencontre de gens amis.

— ...Ils tiraient, les malheureux. Je crois bien que c'était à Péterhof..., saisit encore Udaroff, dans un fragment de conversation. Il en éprouve de la mauvaise humeur. Il tourne à la rue Bassaïnaïa et se dirige vers Smolny.

— ...Nous les forcerons à travailler, même si le ventre devait un peu leur fondre, autrement..., déclare un ouvrier à un autre, tandis qu'Udaroff passe près d'eux.

*
* *

Smolny prend des allures de camp. Pour obtenir un laissez-passer, il faut faire la queue pendant longtemps. Les corridors sont archi-pleins. On court, on se bouscule, on apporte toutes sortes de choses. On amène des prisonniers qu'on vient d'arrêter.

Udaroff va dans la salle de l'état-major de la Garde rouge. La salle est immense et pleine d'armes, fusils, mitrailleuses, baïonnettes, cartouches et même un tas d'épices, tout cela gît côte à côte. Il y a encore des uniformes de collégiens, et même quelques cuirasses et des casques.

La salle du comité de Pétrograd est archi-pleine de monde. Les uns dorment, d'autres lisent, mais la plupart causent et discutent.

— Ce sont les hommes de liaison des rayons, explique Victor. On va et vient et la liaison n'est jamais interrompue. Es-tu déjà allé au Comité révolutionnaire ? Viens, je vais te montrer cela.

Le Comité révolutionnaire occupe deux pièces du second étage. La première, dans laquelle ils entrent, est immense.

Au milieu court une barrière que personne ne doit franchir. De là, par la porte, on voit l'autre salle, où siège le Bureau.

Dans la première salle, il y a environ vingt tables, auxquelles sont assis, pêle-mêle, des soldats et des civils, hommes et femmes. Tous travaillent avec fièvre au milieu de ce bruit d'enfer. Les machines à écrire tapent, le téléphone sonne. On cause et on discute.

— C'est plus propre ici que chez nous, remarque Udaroff.

— Je veux le croire. Mais je n'ai guère le temps. Va à la salle des Actes. Il doit y avoir maintenant une réunion.

Quelques personnes arrivent de l'autre pièce en courant et renversent presque Udaroff.

— Kérensky est vaincu !

Tout le monde court dans la salle. Le portes battent. On se presse. Quelqu'un crie : « Qui a dit cela ? Est-ce qu'il est arrêté ? »

La salle de Actes est bientôt comble. Personne ne s'assied, tous restent debout sur des chaises, sur des tables, crient et mènent grand bruit.

— Silence ! Silence !

— Camarades, nous avons reçu une dépêche. L'armée de Kérensky recule. Nous avons déjà occupé Tsarskoïe-Selo. Maintenant, nous marchons au pas de charge sur Gatchina.

— Hurrah ! Hurrah ! crie et hurle tout le monde à la fois.

Tous crient, même Udaroff. Victor, qui est là tout près, aussi. L'ovation se prolonge pendant plusieurs minutes. Enfin, tout se calme.

Le camarade raconte comment tout s'est passé, et comment matelots et gardes rouges ont combattu.

— Ils ne marchaient pas en formations régulières, mais chacun pour soi, sans peur.

— Je prie tout le monde de demeurer ici jusqu'à ce que nous ayons d'autres nouvelles, crie le président.

— Sois tranquille, nous ne partons pas !

— Je cours au Comité de rayon. Je n'y tiens plus !, dit Udaroff.

*
* *

Cette fois, Udaroff ne fait plus attention aux rues. Il court par le chemin le moins long. Lorsqu'il arrive à l'état-major, il tombe au milieu d'une joyeuse animation.

— Alors, vous savez déjà ?

— Oui, oui, on nous a téléphoné à l'instant même. Gatchina est déjà prise !

— Gatchina ?

— Oui.

— Alors, c'est une victoire complète ?

— Oui, naturellement, répondent en même temps Utkin et Juroff.

— Combien de temps Moscou va-t-il encore attendre ? sacre Utkin.

*
* *

Deux jours passent, avant que les ouvriers ne reviennent du front. Le Comité révolutionnaire se transporte dans une nouvelle maison. Les jours passent comme des jours de fête.

Un détachement passe. Tous le saluent et rayonnent de joie. Dans la foule, quelqu'un crie :

— Vania ! tu es un brave gars !

— Mon garçon ! Mon cher petit !

— Jegor, viens à la maison, car tu es sûrement fatigué !

Mais le vieux ne quitte pas les rangs. Il continue. Sur toutes les figures se lit le bonheur et la fierté. Udaroff et Utkin regardent par une fenêtre. Ils sourient. Leurs yeux brillent.

— C'est cela, la Révolution. Les voilà, les communards. Avec ces gens-là, nous pourrons conquérir le monde !

— Pourquoi se sont-il arrêtés ?...

Tout le monde court. Il en vient à chaque instant de nouveaux.

Descends vite ! Dit Utkin, et il empoigne son fusil.

Victor est en train de crier dans la rue.

— Quelles bêtises est-il en train de faire ? dit Utkin mécontent.

— Camarades, nous venons de recevoir un télégramme : A Moscou, les Soviets ont pris le pouvoir...

— Hurrah ! Hurrah ! crient les hommes, les femmes et les enfants. Hurrah ! crient les gardes rouges en brandissant leurs fusils.

— Les passants s'arrêtent, les voitures aussi. On n'entend plus rien que les cris d'enthousiasme de la foule :

— Hurrah !

— Vive la Révolution !

— Hurrah !

Victor n'abandonne pas la tribune. Il veut dire quelque chose, mais on ne lui en laisse pas la possibilité. Il finit par saisir le moment :

— Camarades, nous avons vaincu dans la bataille. Nous avons anéanti la force de la bourgeoisie. Les journées d'Octobre sont finies. Notre Révolution s'est libérée de ses chaînes. Puisse-t-elle maintenant, pareille à une vague immense, submerger le monde entier...

Jenny, Juroff, Iwan s'avancent. Mais Victor continue. Il parle des tâches nouvelles, dés difficultés, et tout cela est près de la masse, et elle le comprend.

Quelqu'un, dans la foule, propose de faire une démonstration.

Tous approuvent, enthousiastes.

— Chantons ! Chantons !

Et ils partent en chantant. De nouvelles masses se joignent sans cesse à leur cortège. Le chant s'enfle. On a trouvé des drapeaux. Le cortège devient de plus en plus puissant. De chaque usine, de chaque fabrique, de chaque maison des gens viennent s'y joindre et reprennent en chœur...

Le chant de victoire du prolétariat résonne, ample, puissant.

— Victoire, Victoire !

— Comme c'est beau, quelle force, dit à Udaroff un de ses voisins. Qui n'entendrait pas cela ?

— Tous l'entendront. Tous. Toutes les voix se réuniront en un immense hymne de victoire. Le prolétariat victorieux réunira toutes ses forces et dispersera la bourgeoisie !

— A la gare ! A la gare ! (45).

Oui, là-bas, où Lénine nous appela pour la première fois à la lutte. Là-bas !....

Notes

(1) *Wyborg.* — Quartier de Pétrograd (maintenant Léningrad) où se trouvent de nombreuses usines, surtout usines métallurgiques et fabrication de machines. C'est dans ce quartier que se trouve l'usine dont les ouvriers sont les héros de ce livre.

(2) *Boris Savinkoff* (pseudonyme littéraire : Ropschine). — Social-révolutionnaire. Organisateur des actes terroristes accomplis par ce parti sous l'ancien régime, il cessa toute activité après la révolution de 1905. En 1917, il fut sous-secrétaire d'Etat au Ministère de la Guerre dans le gouvernement provisoire et devint un des ennemis les plus acharnés de la Russie Soviétique. Il prit la part la plus active à toutes les attaques qui eurent lieu contre le pouvoir des Soviets, organisa des troupes de gardes bleues, etc... En 1924, on l'arrêta au cours d'une de ses tentatives pour rentrer illégalement en Russie. Devant le tribunal, il découvrit toute l'activité de l'émigration blanche et se déclara complètement pour les Soviets. En mai 1925, il mit fin à ses jours par un suicide.

(3) *Le parti des social-révolutionnaires (S. R.)* naquit de l'ancien parti des « Amis du peuple », groupe d'intellectuels qui luttaient contre le tsarisme en employant surtout la terreur individuelle. D'essence petite-bourgeoise, les S. R., lors de la Révolution d'Octobre, passèrent complètement dans le camp de la bourgeoisie. L'aile gauche des S. R. resta dans les Soviets jusqu'à la paix de Brest. Elle commença alors à combattre les bolchéviks par les méthodes terroristes (attentat contre Lénine, assassinat des chefs du parti à Léningrad : Volodarsky et Uritzky). Le procès des S. R. qui eut lieu en 1922, mit en pleine lumière leur caractère contre-révolutionnaire.

(4) *Lesnoï.* — Faubourg de Pétrograd.

(5) *Salaire journalier.* — Les ouvriers travaillaient d'après un contrat. Mais, lorsqu'ils n'avaient pas atteint un certain rendement, ils ne recevaient qu'un salaire journalier ridicule.

(6) *Vers le Sud.* — La marche des Allemands sur Pétrograd devait servir de prétexte pour évacuer vers le Sud les usines de Pétrograd. En réalité, cette mesure devait surtout affaiblir la force révolutionnaire de Pétrograd.

(7) *Douma (ou parlement) du rayon.* — Pétrograd était divisé en quartiers dont chacun possédait une espèce d'administration autonome, la Douma de rayon.

(8) *Du 3 au 5 juillet 1917* eurent lieu, à Pétrograd, des démonstrations d'ouvriers et de soldats en armes, sous le mot d'ordre : « Tout le pouvoir aux Soviets » ! ». Le parti bolchévik put alors empêcher la classe ouvrière, malgré l'extrême surexcitation des masses, d'engager une bataille prématurée.

(9) *Capitulation.* — Il est question ici de la capitulation de Pétrograd devant les Allemands, alors en marche sur la ville.

(10) *Kérensky.* — Social-révolutionnaire de droite, il entra, après la révolution de février 1917, contre la volonté du Soviet de Pétrograd dont il faisait partie, dans le gouvernement bourgeois. Il y fut d'abord ministre de la Justice, puis ministre de la Guerre et devint, après les événements de Juillet (voir note 8) président du Conseil. Le gouvernement de Kérensky, qui fut le dernier gouvernement bourgeois avant la révolution d'Octobre, chercha non seulement à opprimer par tous les moyens le mouvement ouvrier et en particulier le parti bolchévik, mais il tenta même de mobiliser l'armée contre Pétrograd révolutionnaire. Kérensky vit aujourd'hui dans l'émigration.

(11) *Korniloff.* — Général. Il eut le commandement en chef pendant le gouvernement provisoire (Kérensky). C'est lui qui dirigea l'attaque contre Pétrograd pendant la révolution d'Octobre. Il tomba au cours de la lutte contre l'armée Rouge.
Alexieff. — Général. Un des organisateurs de l'armée Blanche.

(12) *La Constituante.* — Une des premières tâches du gouvernement provisoire formé après la révolution de février, devait être de convoquer la Constituante. Les élections en furent ajournées, si bien que la révolution d'Octobre arriva et remplaça par la dictature des Soviets tout le système de la démocratie constitutionnelle.

(13) *La Conférence démocratique* (parlement démocratique). — Fut convoquée à Pétrograd par le gouvernement Kérensky en septembre 1917. Il pensait s'en servir pour renforcer le gouvernement provisoire dans sa lutte contre « l'anarchie » grandissante. Elle se composait de représentants des administrations locales, des coopératives de consommation, des syndicats et des Soviets (ces derniers formaient la minorité). La Conférence démocratique élut dans son sein un « Conseil de la République » (pré-parlement), qui devait jouer le rôle d'organisme représenta-

tif jusqu'à la convocation de la Constituante. La fraction bolché-
viste, avec Trotzky à sa tête, quitta le pré-parlement. La Conférence démocratique n'eut jamais la moindre autorité dans le pays
et manqua le but que lui avaient assigné ses organisateurs.

(14) *De l'eau pour le thé.* — Comme l'eau en Russie n'est
presque jamais potable, il y a toujours, dans chaque usine, de
l'eau bouillante toute prête pour faire le thé. Cette revendication d'hygiène élémentaire fut l'objet de luttes très vives dans
les débuts du mouvement ouvrier russe. Une des premières brochures d'agitation de Lénine lui est consacrée.

(15) « *Oncle* » était le nom d'emprunt du vieux bolchévik
russe Latziq, qui était à cette époque secrétaire de rayon du
parti de Wyborg.

(16) *Les usines Poutiloff.* — Grande fabrique de matériel de
guerre à Pétrograd. Toutes les autres usines nommées ici sont
pour la plupart de grandes usines métallurgiques.

(17) « *Rietsch* ». — Organe du Parti constitutionnel démocratique (parti cadet), qui était le parti de la bourgeoisie « libé-
rale » des villes.

(18) *Smolny.* — Ancien établissement d'enseignement (Institut) pour les filles de la haute noblesse, siège des organismes dirigeants du parti et des Soviets au cours des journées d'Octobre.
C'est aussi dans ses salles qu'eut lieu le deuxième Congrès des
Soviets.

(19) *Oranges.* — Grenades à main.

(20) *Maximalistes.* — Parti populaire révolutionnaire au moment de la première révolution russe, en 1905. Il se forma de
l'aile gauche du parti des socialistes-révolutionnaires, et se tint
sur le terrain de la réalisation immédiate de la révolution socia-
liste, sans tenir compte des circonstances. Il employait les méthodes de combat de la terreur individuelle.

(21) *Volodarsky.* — Ancien menchévik, il resta pendant la
guerre fidèle à l'Internationale. Il appartint depuis Juillet 1917
au parti bolchévik. Agitateur excellent, et orateur plein de
fougue, il rendit à la révolution des services extraordinaires.
Un social-révolutionnaire l'assassina en 1918.

(22) *Riasanoff*. — Vieux révolutionnaire. Un de ceux qui connaissent le mieux l'œuvre de Marx. Il fut aux jours d'Octobre à l'extrême-droite du parti bolchévik et tint pour sans issue le soulèvement révolutionnaire de la classe ouvrière à ce moment. Il dirige actuellement à Moscou l'Institut Marx-Engels.

(23) *Lachevitch*. — Bolchévik. Un des organisateurs militaires de la Révolution.

(24) *Tchudnowski*. — Vieux révolutionnaire social-démocrate. Il prit une part active à l'organisation de la Révolution d'Octobre, à Pétrograd. Tué en 1918 sur le front d'Ukraine.

(25) *Février et Juillet*. — On a en vue ici la Révolution de Février, qui, après la chute du tsarisme, amena au pouvoir un gouvernement bourgeois, et les événements de Juillet (voir note 8).

(26) *Junkers*. — Les élèves de l'école des Junkers (école d'élèves-officiers nobles).

(27) *Palais d'Hiver*. — Le palais du tsar, devenu après la chute du tsarisme, en Février 1917, le siège du gouvernement provisoire.

(28) *Milice*. — Sorte de police ou de service d'ordre, créée les premiers jours de la Révolution.

(29) *Bataillons de la Mort*. — Troupes composées de femmes, qui furent, avec les Junkers, le principal soutien du gouvernement Kérensky.

(30) *Le palais de Kchessinskaïa*, une maîtresse du tsar, fut le siège du Comité central et du Comité de Pétrograd du parti bolchévik, jusqu'à leur transfert à Smolny.

(31) *Les « hésitants »* étaient les membres du Comité Central qui n'étaient pas d'accord pour qu'on déclanchât la Révolution à cette époque, pensant que la préparation n'en était pas encore suffisante. Les camarades Kameneff et Zinovieff étaient également de cet avis, mais, quelques jours après, ils reconnurent leur faute, et prirent une part active à la réalisation de la Révolution d'Octobre.

(32) *« Aurore »*. — Croiseur à équipage révolutionnaire, qui prit part au bombardement du Palais d'Hiver.

(33) *Le 2e Congrès panrusse des Soviets*, qui organisa définitivement le pouvoir soviétique, s'ouvrit tandis qu'on combattait encore devant le Palais d'Hiver. Les bolchéviks y avaient la majorité.

(34 *Tseretelli, Dan, etc...* — Menchéviks et social-révolutionnaires, qui formaient l'ancien bureau du Congrès des Soviets.

(35) *L. B. Kameneff*. — Un des chefs bolchéviks et des disciples immédiats de Lénine (sur sa position pendant la révolution d'Octobre voir note 31).

(36) *Martoff*. — Appartenait au premier groupe marxiste en Russie. Mais il se détourna de la voie révolutionnaire et devint le principal chef du menchévisme.

(37) *Hendelmann*. — Un S. R. de Pétrograd.

(38) *Brechko-Brechovskaia*. — Une des fondatrices du parti S. R., appelée par les social-révolutionnaires « la Grand'mère de la Révolution », fut pendant et après la Révolution d'Octobre une des adversaires les plus acharnées du pouvoir des Soviets.

(39) *Gouvernement provisoire*. — On l'appela ainsi parce que la Constituante ne s'étant pas encore réunie, le gouvernement n'avait pas été élu.

(40) *Gatchina*. — Embranchement de voies ferrées à 45 km. de Pétrograd.

(41) *Tsarskoïe-Selo*. — Résidence d'été des tsars, et *Pulkowo*, localités aux environs de Pétrograd.

(42) *La cathédrale de St-Basile*, sur la place Rouge, à Moscou. Un des monuments les plus intéressants et les plus précieux de l'art russe du Moyen-Age. La nouvelle qu'on l'avait bombardée était inexacte.

(43) *Capri*. — Ile d'Italie. Il s'y tint, avant la guerre, une école du parti sous la direction de Maxime Gorki. On s'y occupa beaucoup des questions artistiques et littéraires.

(44) *Wera Slutzkaïa*. — Militante active du parti bolchévik, tuée aux premiers jours de la Révolution d'Octobre pendant un voyage sur le front.

(45) *La Gare de Finlande*. — Lénine y tint son premier discours en 1917, à son retour de l'émigration.

Table des Matières

Imprimerie L'ÉDUCATRICE
16, Cour des Petites-Écuries, 16
PARIS   10ᵉ Arr.